全国社会工作者职业水平考试(初级)统考教材

社会工作综合能力

全国社会工作者职业水平考试统考教材编委会　编

中国铁道出版社有限公司
CHINA RAILWAY PUBLISHING HOUSE CO., LTD.

图书在版编目(CIP)数据

社会工作综合能力/全国社会工作者职业水平考试统考教材编委会编.—北京:中国铁道出版社有限公司,2019.12

全国社会工作者职业水平考试(初级)统考教材

ISBN 978-7-113-26289-1

Ⅰ.①社… Ⅱ.①全… Ⅲ.①社会工作-中国-水平考试-教材 Ⅳ.①D632

中国版本图书馆 CIP 数据核字(2019)第 213890 号

书　　名: 全国社会工作者职业水平考试(初级)统考教材
社会工作综合能力

作　　者: 全国社会工作者职业水平考试统考教材编委会

责任编辑: 马真真　　　　**电　　话:** 010-51873005

封面设计: 未来教育

责任校对: 王　杰

责任印制: 赵星辰

出版发行: 中国铁道出版社有限公司(100054,北京市西城区右安门西街 8 号)

网　　址: http://www.tdpress.com

印　　刷: 三河市兴达印务有限公司

版　　次: 2019 年 12 月第 1 版　2019 年 12 月第 1 次印刷

开　　本: 787 mm×1 092 mm　1/16　印张:9.5　字数:227 千

书　　号: ISBN 978-7-113-26289-1

定　　价: 40.00 元

编委会

本教材适用于备考初级社会工作者职业水平考试。全国社会工作者职业水平考试统考教材编委会根据人力资源和社会保障部、民政部新印发的《初级社会工作者考试大纲》,结合对历年真题考点的细致分析,编写了本教材,旨在帮助考生全面理解和掌握考试大纲的内容,更好地复习备考。

本教材模块

为了便于考生更好地理解和使用本书,下面对本教材中主要涉及的模块功能进行简单介绍。

1. 本章应试分析

本章应试分析模块主要是介绍该章的主要内容,在历年考试中所占的分值、考试题型以及学习方法,并对该章在考试中的整体考情做综合分析。通过应试分析,考生可以有效地掌握该章的重点以及命题方向,避免盲目复习。

2. 思维导图

思维导图模块主要是将整章的思维脉络通过关系图表现出来,并在考点后面标注了"重点掌握、掌握、熟悉、了解"4种不同程度的复习要求。通过思维导图,考生不仅可以对该章的整体框架有大致了解,同时也能把握复习的要求,有针对性地进行复习,大大提高复习的效率。

3. 名师同步精讲

名师同步精讲模块是本书的核心所在,主要是通过对历年真题的分析,将教材中的重要知识点进行精编汇总,多考多讲,少考少讲。我们竭力提炼考点,减少繁冗的叙述,帮助考生高效率掌握考点,减少学习压力。同时,我们对于非常重要的知识点进行了标色处理,蓝色为重要的知识点,蓝色加粗为非常重要的知识点。

在该模块中,我们提供了两个核心的功能,对考生是非常有帮助的。

第一,名师指导。一方面对各个考点在历年考试中的出题情况进行详细的介绍,并列明高频考查方向,另一方面对于教材中一些有窍门记忆或者需要关注的地方进行提点。

第二,母题精选。这些母题是在历年考试中较多涉及且具有代表性的题目,其中,大多为考试真题,部分为老师精选的比较有代表性的题目。此外,每道母题均配有二维码,考生可通过扫描二维码查看该题的详细解析或视频,也可以练习相应的子题。通过母题,考生不仅能够了解各个知识点在考试中的考查形式,也可以有效地掌握考试中的重要知识点,同时做到知识点的灵活运用。

4. 章节练习

在章节练习模块,考生可通过扫描二维码进入微信版题库进行章节练习。在题库中,我们提供了大量的真题、模拟题供考生练习,既弥补了纸质教材章节练习题量限制的缺陷,又能让考生随时随地进行练习,有效地节省了时间。

配套题库——智能考试学习系统

本教材搭配配套的智能考试学习系统的使用,能达到更好的复习效果。配套题库系统包括智能题库微信版和智能题库网页版两部分,考生可根据自己的实际情况,在不同的环境下选择不同的练习方式,充分利用自己的时间。另外,在题库系统中有考点速记、每日特训、章节练习、真题必练、模拟押题、错题训练等功能。考生在学习过程中,可根据自己的学习进度选择相应功能,固本培新。

联系我们

尽管编委会成员本着精益求精的态度编写本教材,但由于时间有限,书中难免有错漏和不足之处,恳请广大读者批评指正。联系邮箱为 weilaijiaoyucaijing@ foxmail. com。

祝所有考生顺利通过考试!

全国社会工作者职业水平考试统考教材编委会

目录

CONTENTS

开　篇　考情分析与复习指导 …… 1

第一节　考情分析 …… 1

第二节　复习指导 …… 3

第一章　社会工作的内涵、原则及主要领域 …… 7

第一节　社会工作的内涵 …… 7

第二节　我国社会工作发展的基本原则 …… 13

第三节　社会工作的主要领域 …… 14

章节练习 …… 17

第二章　社会工作价值观与专业伦理 …… 18

第一节　社会工作价值观 …… 18

第二节　社会工作专业伦理 …… 20

第三节　社会工作专业伦理守则 …… 23

章节练习 …… 25

第三章　人类行为与社会环境 …… 26

第一节　人类行为 …… 26

第二节　社会环境 …… 31

第三节　人生发展阶段 …… 36

章节练习 …… 42

第四章　个案工作方法 …… 43

第一节　个案工作的主要模式 …… 43

第二节　个案工作各阶段的工作重点 …… 49

第三节　个案工作的常用技巧 …… 56

章节练习 …… 61

第五章　小组工作方法 …… 62

第一节　小组工作的含义、类型与特点 …… 62

第二节　小组工作的模式 …… 64

第三节　小组工作的过程 …… 66

第四节　小组工作技巧 …… 73

章节练习 …… 79

第六章　社区工作方法 …… 80

第一节　社区工作的目标 …… 80
第二节　社区工作的主要模式 …… 82
第三节　社区各工作阶段的工作重点 …… 86
第四节　社区工作的常用技巧 …… 90
章节练习 …… 95

第七章　社会工作行政 …… 96

第一节　社会工作行政的基本内容 …… 96
第二节　社会服务方案策划 …… 97
第三节　社会服务机构的类型与运作 …… 99
第四节　社会服务机构的志愿者管理 …… 102
第五节　社会服务机构的筹资方式 …… 104
第六节　社会工作督导的对象与内容 …… 106
章节练习 …… 109

第八章　社会工作研究 …… 110

第一节　社会工作研究的概念与功能 …… 110
第二节　社会工作研究的范式与过程 …… 111
第三节　定量研究方法——问卷调查 …… 113
第四节　定性研究方法 …… 118
章节练习 …… 120

第九章　社会政策与法规 …… 121

第一节　我国特定人群的社会法规政策 …… 121
第二节　我国特定领域的社会政策法规 …… 127
章节练习 …… 142

附录一　综合检测 …… 143

附录二　智能考试题库系统使用指导 …… 144

开　篇　考情分析与复习指导

第一节　考情分析

一、考试介绍

全国社会工作者职业水平考试是由人力资源和社会保障部、民政部共同实施，全国统一考试大纲、统一考试试卷及考试时间。考试每年举行一次，设初级、中级两个级别，初级分为社会工作实务和社会工作综合能力两个科目，中级分为社会工作实务、社会工作综合能力和社会工作法规与政策三个科目。

初级社会工作者考试的报名条件、报名时间、考试时间、考试题型、考试时长等相关信息考生可扫描右侧二维码查看具体内容。

二、历年考情分析

为了更好地掌握考试情况，本书分析了近8年考试真题的分布情况。在历年考试真题数据分析的基础上，编者整理了每一章在历年考试中涉及的题量、分值平均值。具体内容见表1。

表1　历年考试真题平均分布情况

所属章节	单选题	多选题	分值
第一章　社会工作的内涵、原则及主要领域	7题	1题	9分
第二章　社会工作价值观与专业伦理	5题	2题	9分
第三章　人类行为与社会环境	5题	2题	9分
第四章　个案工作方法	8题	3题	14分
第五章　小组工作方法	8题	3题	14分
第六章　社区工作方法	8题	3题	14分
第七章　社会工作行政	6题	2题	10分
第八章　社会工作研究	5题	2题	9分
第九章　社会政策与法规	8题	2题	12分
总计	60题	20题	100分

关于更多章节考情分析，考生可查看后文每章的考点考情分析。

三、命题规律分析

在历年考试真题分析的基础上，我们很明显发现“社会工作综合能力”科目的考试规律明显，具体如下。

(一)题量分布均衡且固定，部分章节分值较高

全书共9章，每年涉及每一章的考试题型、题量和分值都较为固定，有很多考点属于必考点。在后面的正文中，我们对每个考点的考查情况均做了详细说明，考生在学习的时候可以有针对性地进行复习。

另外，第四、五、六、九这4章所占分值较高，属于重点学习章节，考生在学习时间和精力上要略有侧重。

(二)考查形式大多为案例题

“社会工作综合能力”科目很少出概念题或者填空题。通常都是给出一个案例,让考生根据案例中的信息,分析应该运用什么原理或者方法能妥当地解决案例中提出来的问题。比如:

【单选题】小李因与母亲关系不和向社会工作者小王求助。小王问小李:“您与母亲关系不好,是什么时候开始的?”小李说:“有很长时间了,她总是命令我,指挥我……”小王又问:“您认为母亲的做法对您有什么影响?”上述对话中,小王的说法体现了心理社会治疗模式特点中的(　　)。

A. 注重培养小李的自主能力　　B. 注重降低小李对母亲的过高期望

C. 注重用心理动态诊断方法了解小李　　D. 注重在人际交往的情境中了解小李

我们来分析一下这道题的出题思路。

(1)小李因与母亲关系不和向社会工作者小王求助。(给出社会工作的构成要素。服务对象——小李;社会工作者——小王;问题——与母亲关系不和)

(2)小王问小李:“您与母亲关系不好,是什么时候开始的?”小李说:“有很长时间了,她总是命令我,指挥我……”小王又问:“您认为母亲的做法对您有什么影响?”(社会工作者通过提问的方式引导服务对象阐述“关系不和”的具体信息)

(3)上述对话中,小王的说法体现了心理社会治疗模式特点中的(　　)。(提出本题的问题,并给出关键词信息:心理社会治疗模式的特点)

(4)选项A、B、C、D。(选项结合案例信息,给出了不同的解决方法)

上述信息中,对我们做题来说最重要的信息在题干的最后一句中,即“心理社会治疗模式的特点”,由此我们可以知道,本题考查的是心理社会治疗模式的特点。在后文学习后,我们会知道,心理社会治疗模式最典型的特点就是“人在情境中”,要求社会工作者既需要深入个人的内心,了解他的感受、想法和需求,还需要仔细观察周围环境对他的影响,分析个人适应环境的具体过程。本题中,小王对小李的一系列问题的询问,都是在逐步地了解服务对象。选项A和B可以直接排除。选项C中的心理动态诊断也属于心理社会治疗模式的方法之一,作为一个干扰项,很容易让人误选,但它并不属于心理社会治疗模式的特点。因此与题意不符合。

因此,我们总结的解题思路如下。

第一步:分析题目的考查点是什么,也就是题目涉及的理论知识点。

第二步:分析题目给出的案例有哪些有用信息。

第三步:分析选项中,哪一个最符合考查的内容。

解题思路需要考生在后面的练习中,不断深入理解和完善。在本书中,精选了大量母题,考生可以结合所学知识答题并练习。

四、答题技巧

(一)不符合伦理道德的选项肯定不对

社工是一个很温情的职业,强调“专业助人”。我们作为一个社会工作者在处理案件的时候,要想办法帮助服务对象解决困难。在答题过程中,不符合人文关怀、伦理道德的选项,肯定是不正确的。

(二)理论与实践结合

近年来,初级社会工作者考试的题目考查形式多为分析案例,强调的是社会工作者对于理论的运用能力。在答题的时候,我们可以先从理论着手,再联系实际,找到最符合题意的处理方式。

具体示例可以参考上面的例题。

(三)先易后难

在真考中,考试时长是固定的,考生必须在规定的时间内完成全部答题,这也是我们平时测试训练的一个重要方面。在做题的时候,我们强调,把会做的题目先做完,不会做或者不太确定的题目可以先标记一下。等完成全部答题之后,再回头检查。这样可以争取把我们能拿到的分都拿下,提高得分率。

(四)了解考试规则

初级社会工作者考试只有客观题,包含2种题型——单选题和多选题。比较特殊的是多选题的得分规则:多选题有5个选项,但其中只有2~4个选项正确,答对1个得0.5分,全答对得满分(2分),答错的话不得分。了解了这个考试规则,我们在答题的时候如果想多得分,就需要规避错误选项,不确定的选项尽量不要选。

第二节　复习指导

一、怎么使用本书

这套书采用了双色、边栏的形式进行整体编排,与以往的单排或者双排格式有很大的不同。在书中,主要包含以下模块。

(1)本章应试分析(如图1所示)。在每一章的开始,我们都设置了一个【本章应试分析】模块,主要介绍该章知识点在历年考试中的考查情况,包括考试分值和题型题量,所有的数据都是根据近8年考试真题分析数据所得,考生可作为复习的重要参考依据。同时,也根据不同章节的特点,给出了学习建议。

• 本章应试分析

本章对社会工作的相关知识作了介绍。在历年的考试中,本章涉及分值约为9分,通常会出7道单选题,1道多选题①。

本章涉及较多基础性概念知识,但是考试中很少会直接考查概念性题目,多为案例分析题,通过分析案例得出书本中的社会工作原理。考生在学习时,不应死记硬背,而应侧重于对知识点的理解和运用。

图1　本章应试分析

(2)思维导图(如图2所示)。思维导图是对章节知识点脉络进行梳理,并在此基础上,将不同知识点的学习要求标注出来。一方面帮助考生建立整体的框架意识,另一方面也方便考生快速获取不同知识点的学习要求。考生在复习前期,可以根据思维导图了解主要内容和学习要求;在复习后期,可以根据学习要求选择重点复习范围。

• 思维导图

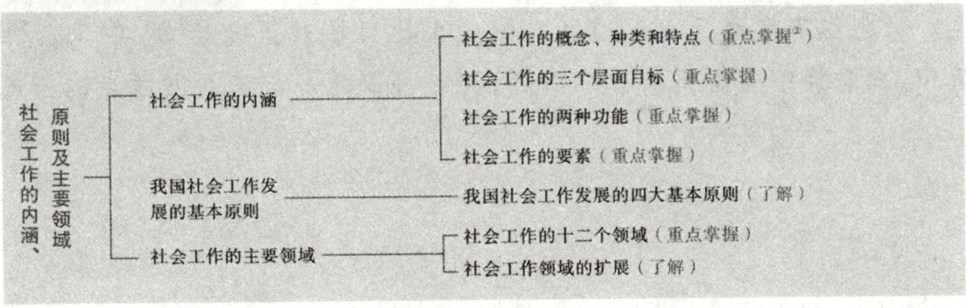

- 社会工作的内涵、原则及主要领域
  - 社会工作的内涵
    - 社会工作的概念、种类和特点（重点掌握②）
    - 社会工作的三个层面目标（重点掌握）
    - 社会工作的两种功能（重点掌握）
    - 社会工作的要素（重点掌握）
  - 我国社会工作发展的基本原则
    - 我国社会工作发展的四大基本原则（了解）
  - 社会工作的主要领域
    - 社会工作的十二个领域（重点掌握）
    - 社会工作领域的扩展（了解）

图2　思维导图

(3)**核心模块一:名师同步精讲**(如图3所示)。此模块为本书核心模块之一,通过表格形式,呈现知识点的具体内容。本书定义为应试指导教材,坚持多考多讲,少考少讲,缩小考生备考范围,将主要精力放在重点学习内容上。书中的知识点讲解力求精练,如果考生想获取更多细节内容,可以扫描节名边的二维码,进入题库系统中学习更细致的内容,并可以听取配套视频课程。

• 名师同步精讲

第一节　社会工作的内涵

一、社会工作的概念、种类和特点(重点掌握)

项目	内容
概念	社会工作指的是非营利的、服务于他人和社会的专业化、职业化的活动。在国际上,也称为社会服务或社会福利服务
种类	我国一般将社会工作分为三类 (1)普通社会工作。主要指人们在本职工作之外从事的、不计报酬的服务性或公益性工作,如义工、志愿者之类 特点:本职工作之外;非专业化

图3　名师同步精讲

(4)**核心模块二:名师指导**(如图4所示)。本书的第二个核心模块,即为名师指导。在该模块中,我们详细分析了每个知识点在历年考试中的考查情况,包括考查年份、考查题型题量以及主要考查方向,并对一些重要的知识点进行提示和分析。

名师指导

考查年份:2012～2019年,属于必考点,每年会考1～2道单选题。考生重点理解专业社会工作的概念以及相关特点③。

图4　名师指导

(5)**核心模块三:母题精选**(如图5所示)。我们学习的最终检测都需要去考试做题,所以我们的学习不能脱离考试实际情况。获取考试实际情况的最快捷方式即为考试真题。本书选取了大量的考试真题作为母题呈现,母题是考试中最典型的考查题型,考生通过练习母题,可以掌握考试的出题思路。在书中,考生学习完一个知识点之后,我们会根据考试情况,放置不同的母题在后面供考生练习检测。考生做完题之后可以通过右侧的小栏目核对正确答案,并可以扫描右侧的二维码进入题库系统中,查看详细的解析和视频讲解,同时可以练习与该题同考点的子题。

母题精选

【单选题】习近平总书记在中国共产党第十九次全国代表大会上的报告提出"坚持在发展中保障和改善民生""保障和改善民生要抓住人民最关心最直接最现实的利益问题"，社会工作应该积极响应党和国家的号召并做出新贡献。根据党的十九大精神，在保障和改善民生方面，更能发挥社会工作专业优势的领域是(　　)。(真题)

A. 劳有所得，为下岗人员创造就业机会　　B. 病有所医，为患病人士提供咨询治疗

C. 弱有所扶，为困境群体提供社会服务　　D. 幼有所育，为学前儿童提供文化教育

【答案】 C

【单选题】社会工作者小郑为留守儿童提供服务，下列做法中，最能够体现社会工作"互动合作"特点的是(　　)。(真题)

A. 邀请医护人员，为留守儿童提供体检和诊疗服务

B. 与留守儿童一起面对困难，寻求解决问题的方法

C. 建议出台相关社会政策，改善留守儿童生存环境

D. 策划公益活动，呼吁社会各界人士关爱留守儿童

【答案】 B

图5　母题精选

(6)综合检测。在系统地学习科目内容之后，我们需要通过综合检测来检查我们的学习效果。在本书的【附录1 综合检测】中，我们提供了【真题必练】和【模拟押题】入口，考生扫描对应的二维码即可进入智能考试题库系统中练习套题试卷。在题库系统中，考试题型、考试时长设置都与真考环境一致。

二、制定学习计划

因为初级社会工作者考试的两个科目都为必考科目且要求同时通过，所以我们在学习时要同等对待，同步复习。而制定详细的学习计划，对于我们备考可谓是事半功倍。"社会工作综合能力"科目共9章，"社会工作实务"科目共14章。根据历年考生备考经验总结，现在提供一套学习计划给考生作为参考。两个科目正常的复习时间约为14周。

(一)第一阶段：基础学习和练习(10周)

在此阶段重点学习课本内容。平均每周每科可以学习1~2章内容。在具体的学习中，考生须以课本为主，本书配套的题库系统为辅，坚持【看一节教材+看一节视频课程+做一节习题】，将"看、听、练"结合起来。很多考生，只看不练，或者只练不看，都是不合适的。在配套资源丰富的情况下，我们希望考生能充分利用本套教材及其配套资源进行备考。

在一章学习完之后，考生可以在配套的题库系统中按章进行检测，查漏补缺。

主要学习工具：2本教材、2科视频课程和配套题库系统。

(二)第二阶段：综合检测(2周)

在基础学习完之后，考生对整体的知识点都有了较为细致的了解，我们需要通过综合检测来巩固前期所有章节内容所学。我们主要选择配套题库系统中的【真题必练】来进行综合检测。

在社工备考圈中，有一句话是"如果历年真题都做会了，那么考试通过肯定没问题"。不论这句话是否正确，但是我们可以看出，历年真题对于我们的复习有着非常重要的参考意义。

在【真题必练】中包含2012~2019年的考试真题以及历年真题汇总，考生通过历年真题的检测，能够知道自己的真实考试水平如何，然后查漏补缺。

此外，在配套题库系统中还包含了押题试卷、模拟试卷，亦可作为重要的综合检测工具。

主要学习工具：2科配套题库系统。

(三)第三阶段：考前复习巩固(2周)

在此阶段，临近考试，我们开始进行考前复习巩固。一方面，从教材内容着手，要复习前期教

材中所学的重难点知识点，可以运用【思维导图】和【重难点索引】作为参考线，将所学内容重新梳理一遍，重要的知识点进行巩固学习。另一方面，从做题着手，要充分运用配套题库系统【错题训练】中前期做错和收藏的题，将有价值的题目再次复习一遍，查漏补缺。

在临考前2天，建议考生可以再做一遍近年的真题试卷，比如2018、2019年的真题试卷，提高对考试题型和考查形式的熟悉感。

主要学习工具:2科教材和2科配套题库系统。

以上所提供的学习计划时间，只是为考生提供一个制定学习计划的参考思路。不同的考生实际面临的情况都会不一样，大家可以结合自己的实际情况，制定最适合自己的学习进度。

三、学习技巧

(一)学习要看、听、练结合

我们建议考生在日常学习中，坚持【看一节教材＋看一节视频课程＋做一节习题】。将看书和做题结合起来，一方面没那么枯燥，另一方面也可以全面检测学习效果。另外，有些书本理论知识比较深奥难懂，听老师的视频课程，跟着老师学习，则能快速获取知识点关键信息。

本套书随书送视频课程，考生扫描每个节名边上的二维码即可进入查看。

(二)充分利用配套题库系统

本书配套题库系统功能全面，包含了考点速记、章节练习、真题试卷、错题训练等功能，并支持在手机、电脑、平板上操作运用。使用题库系统的好处主要是可以跟踪和记录做题数据，方便后期我们查看错题、收藏题和练习进度。

所有的成功都离不开有条理的计划和持之以恒的努力，祝愿每一个考生都能在求学的道路上勇往直前！

备注:关于本书配套的智能考试题库系统具体介绍和使用方法请前往本书【附录2 智能考试题库系统使用指导】查看。

第一章　社会工作的内涵、原则及主要领域

● 本章应试分析

本章对社会工作的相关知识作了介绍。在历年的考试中，本章涉及分值约为 9 分，通常会出 7 道单选题，1 道多选题①。

本章涉及较多基础性概念知识，但是考试中很少会直接考查概念性题目，多为案例分析题，通过分析案例得出书本中的社会工作原理。考生在学习时，不应死记硬背，而应侧重于对知识点的理解和运用。

● 思维导图

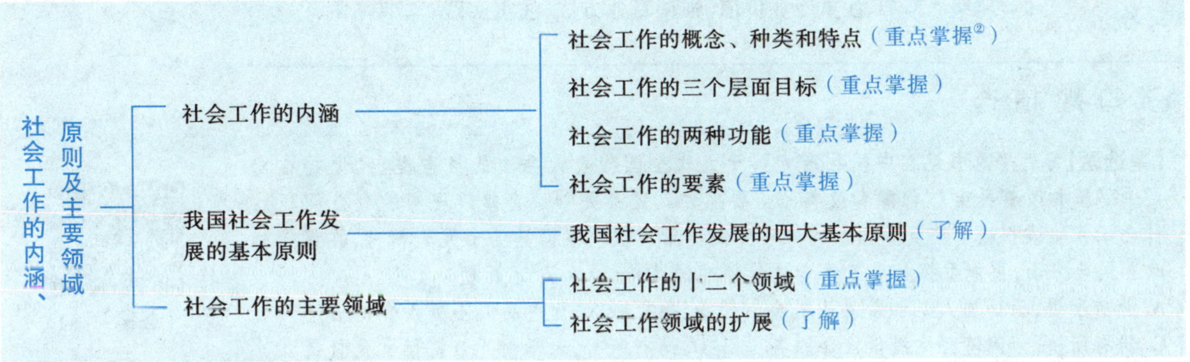

● 名师同步精讲

第一节　社会工作的内涵

一、社会工作的概念、种类和特点（重点掌握）

项　目	内　容
概念	社会工作指的是非营利的、服务于他人和社会的专业化、职业化的活动。在国际上，也称为社会服务或社会福利服务
种类	我国一般将社会工作分为三类 (1)普通社会工作。主要指人们在本职工作之外从事的、不计报酬的服务性或公益性工作，如义工、志愿者之类 特点：本职工作之外；非专业化

名师指导

考查年份：2012 ~ 2019 年，属于必考点，每年会考 1 ~ 2 道单选题。考生重点理解专业社会工作的概念以及相关特点③。

① 本书分析历年真题采用数据为近 8 年的均值。

② 此为学习要求，分为重点掌握（每年必考）、掌握（常考）、熟悉（考查较少）以及了解（未考过）4 个层次。

③ 此模块分析了知识点的考查情况，包括考查年份、题型题量和主要考查方向。

续上表

项　目	内　容
种类	(2)行政性社会工作。一般是指政府部门、企事业单位和群众团体中,那些专门从事职工福利、社会救助的人所从事的助人活动。政府部门在我国主要有民政部门。企事业单位中主要有工会组织 特点:本职工作之内;非专业化 (3)专业社会工作。这是指由受过社会工作专业训练的人开展的助人活动,如一些受过社会工作教育和培训的人以专业理念为指导,运用社会工作的专业知识和方法对困难人群开展服务。国务院总理李克强多次在全国政府工作报告中强调,要“加强和创新社会治理,促进社会组织、专业社会工作、志愿服务健康发展”。这为我国社会工作的开展开辟了新的场景 特点:本职工作之内;专业化
特点	专业助人活动、注重专业价值、强调专业方法、注重实践、互动合作、多方协同

如何区分3种不同的“社会工作”种类?
①判断是否本职工作之内。
②判断是否专业化。

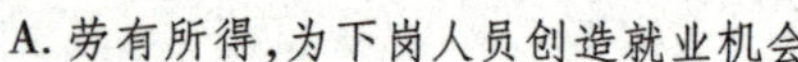

母题精选

【单选题】习近平总书记在中国共产党第十九次全国代表大会上的报告提出“坚持在发展中保障和改善民生”“保障和改善民生要抓住人民最关心最直接最现实的利益问题”,社会工作应该积极响应党和国家的号召并做出新贡献。根据党的十九大精神,在保障和改善民生方面,更能发挥社会工作专业优势的领域是(　　)。(真题)

A. 劳有所得,为下岗人员创造就业机会　　B. 病有所医,为患病人士提供咨询治疗

C. 弱有所扶,为困境群体提供社会服务　　D. 幼有所育,为学前儿童提供文化教育

【答案】C

【单选题】社会工作者小郑为留守儿童提供服务,下列做法中,最能够体现社会工作“互动合作”特点的是(　　)。(真题)

A. 邀请医护人员,为留守儿童提供体检和诊疗服务

B. 与留守儿童一起面对困难,寻求解决问题的方法

C. 建议出台相关社会政策,改善留守儿童生存环境

D. 策划公益活动,呼吁社会各界人士关爱留守儿童

微信扫描

【答案】B

二、社会工作的三个层面目标(重点掌握)

考查年份:2012~2019年。属于必考点[①],一般会考1~2道单选题。主要考查方向为:三个层面的目标。

目　标	内　容
服务对象层面的目标	(1)解救危难。在社会工作领域,危难是指因社会或个人原因,个体的身体受到严重损伤、个人的基本生活能力受到严重削弱,致使其自身生存受到严重威胁,以致生命遭遇到危机的状态 服务人群示例:灾区救助、极度贫困者、精神崩溃者、自杀倾向者、吸毒成瘾者等 (2)缓解困难。我们这里把“困难”视为人们的正常生活受到比较严重影响但尚未达到危及生命的状况。困难既包括物质方面的困难,也包括精神

① 本书对考点进行了划分,必考点为近几年每年都考的,常考点为考查年份较多的,考查较少一般为考过1~2次的。

续上表

目　标	内　容
服务对象层面的目标	方面的压力。“困难”是比“危难”轻一点的问题 服务人群示例:青少年迷恋电子网络、单亲青少年、丧偶老人 (3)激发潜能。每个人都有自己的潜力,只是可能因为某些原因抑制了潜力的发展,社会工作者要帮助服务对象激发其自身的潜力,调动其内在积极性,再配以外部条件,真正帮助服务对象走出困境 (4)促进发展。帮助服务对象实现自身发展是社会工作的基本功能 “发展”:**增加知识技能、增强服务对象自己克制不利因素的能力、提高个人与社会协调的能力**
社会层面的目标	社会工作在社会层面的核心目标是解决社会问题、促进社会公正 (1)解决社会问题。社会上存在的消极现象,不利于人们正常生活和社会健康发展 “社会问题”产生的原因:社会资源有限、分配不公;社会制度不健全等 (2)促进社会公正。社会公正也叫社会正义,是指一个社会根据一定的价值观念,在经济、政治等资源分配方面所具有的正当性的状态。追求和实现社会公正是社会主义制度的发展目标,也是社会工作的基本目标 促进社会公正采取的措施包括:对困难群体给予帮助;倡导、推动不公正制度的改变
文化层面的目标	(1)弘扬人道主义。建设社会主义和谐社会要求社会工作者做好互助、关爱的正能量的宣传 (2)促进社会团结。社会工作者通过宣传或组织活动,促使人们合作互助

服务对象层面的目标可以从两个方面来理解。①解决服务对象具体困难问题(解救危难、缓解困难)。②提升服务对象解决困难的能力(激发潜能,促进发展)。前者只能帮助服务对象解决当下问题,后者才能真正帮助服务对象提高解决问题的能力。社会工作强调“助人自助”,其核心是要增强服务对象的内在能力。

母题精选

【单选题】下列社会工作计划中,突出体现社会工作“促进发展”目标的是(　　)。(真题)

A. 自闭症儿童音乐治疗计划　　B. 青少年网络成瘾干预计划

C. 老年人自杀危机干预计划　　D. 新居民子女成长向导计划

【答案】D

【单选题】在社会工作者老李的带领下,社区助老服务队向社区居民宣传助人互助的精神,促进邻里相互关爱,相互扶助,现在越来越多的居民加入了社区助老服务队。上述老李的做法,体现了社会工作在文化层面的目标是(　　)。(真题)

A. 激发潜能　　B. 促进社会公正

C. 促进发展　　D. 促进社会团结

【答案】D

【单选题】2018 年国际社会工作者日的主题是“促进社区与环境的可持续性”，该主题突出体现的社会工作目标是(　　)。(真题)

A. 激发潜能　　B. 促进社会发展

C. 缓解困难　　D. 弘扬人道主义

微信扫描

【答案】 B

三、社会工作的两种功能(重点掌握)

考查年份：2012 ~ 2019 年。属于必考点，每年会考 1 道单选题。主要考查方向为：①判断所给案例属于哪一种功能；②考核“人在环境中”观点。

分　类	内　容
对服务对象的功能(微观)	(1)促进正常生活。社会工作者提供具体的帮扶措施帮助服务对象走出困境 (2)恢复弱化的功能。社会工作者主要通过采取各种有效措施帮助贫弱群体恢复自信 (3)促进人的发展 (4)促进人与社会环境的相互适应。社会工作分析问题的基本观点是“人在环境中”，强调人与社会环境间的相互依存，社会工作不能脱离社会环境支持
对社会的功能(宏观)	(1)维持社会秩序。通过服务而非其他强制性手段来解决问题 (2)建构社会资本。社会资本存在于一定社会范围内，是一种信赖和支持的关系，基于信任、情感、共同体意识而形成 (3)促进社会和谐。社会工作服务坚持以人为本，促进服务对象之间互帮互助，团结友爱 (4)推动社会进步。使困难群体的生活得到改善是社会进步的最重要标准

母题精选

【单选题】针对社区环境卫生差、街面秩序乱和邻里纠纷多等现象，某社会工作服务机构组织居民志愿者成立了文明倡导队，开展说服和调解工作，有效地改善了社区环境，促进了邻里和睦。该机构的做法体现的社会工作在社会层面的功能是(　　)。(真题)

A. 维持居民正常生活　　B. 缓解居民心理压力

C. 促进社会和谐发展　　D. 激发居民内在潜能

【答案】 C

【单选题】习近平总书记在党的十九大报告中指出，“中国特色社会主义进入新时代”，李克强总理在 2018 年全国政府工作报告中指出：“打造共建共治共享社会治理格局。完善基层群众自治制度，加强社区治理。发挥好工会、共青团、妇联等群团组织作用。促进社会组织、专业社会工作、志愿服务健康发展。”这意味着，我国专业社会工作将在新时代获得更大发展。关于专业社会工作的说法，正确的是(　　)。(真题)

A. 经济增长是专业社会工作发展的目标

B. 社会和谐是专业社会工作发展的前提

C. 专业社会工作在社会治理中发挥重要作用

D. 专业社会工作的主要职能是维护社会安全

【答案】 C

四、社会工作的要素(重点掌握)

> 考查年份:2012～2019年。属于必考点,是第一章中最重要的考点。每年会考2～3道题,通常会出1道单选题(必出)或1道多选题(偶尔出)。主要考查方向为:①社会工作的基本对象;②社会工作者所扮演的角色;③对社会工作构成要素的综合理解。

(一)社会工作的构成要素

1.服务对象(基本要素)

项　目	内　容
服务对象	(1)基本对象 从发达国家实践看,是社会上最边缘、最困难、从道义上讲最需要帮助的人。主要包括:①孤儿、无依无靠的老人和残疾人;②精神病患者;③因失业而沦为生存困难者 从发展中国家实践看,需要帮助的人主要包括孤儿、孤寡老人、残疾人及因灾或社会等原因导致生存困难的人 (2)扩大对象 ①所有基本生活遇到困难、难以自拔而需要帮助的人、社区和公众 ②遇困陷入危机的人。如受虐待的妇女等 ③所有社会成员。如在环境问题、公共安全问题上,社会公众则为服务对象

母题精选

【单选题】关于社会工作基本对象的说法,正确的是(　　)。(真题)

A.社会工作的基本对象是那些让人同情的人

B.无依无靠的老年人是社会工作的基本对象之一

C.从议题视角看,社区可持续发展是社会工作的基本对象

D.从实务领域看,社区是新时代中国社会工作的基本对象

【答案】B

2.社会工作者(基本要素)

项　目	内　容
特征	社会工作者是受过专业教育或培训、从事职业化社会服务的人(本职工作内,专业化)。既有可能是个体,也有可能是团队
社会工作者的角色	(1)直接服务角色 ①服务提供者。服务内容包括:提供物质帮助、劳务服务、心理辅导、政策信息等 ②治疗者。社会工作者帮助服务对象发现自己行为的问题、重塑其行为,以及对他们的行为进行矫正,从而帮助他们建立正确的行为方式和生活方式 ③支持者。社会工作者在面对服务对象时,不但要提供直接服务或帮助,也要鼓励其在可能的情况下自立自强、克服困难、自我决策,实现“助人自助”。社会工作者应成为服务对象积极反应的支持者、鼓励者,并尽量创造条件使服务对象自立或自我发展 ④关系协调者。社会工作者扮演关系协调者的角色,帮助服务对象学习处理社会关系的技巧,协助他们处理好与他人及环境的不和谐关系,并建立起协调关系 ⑤倡导者。倡导是社会工作者向服务对象提倡某种行为。在服务对象不知如何走出困境时,社会工作者应该成为服务对象采取某种行为的倡导者,即向服务对象倡导某种合理行为,并指导他们成功

续上表

项 目	内 容
社会工作者的角色	(2)间接服务角色。主要包括行政管理者、资源筹措者(或资源连接者)、政策影响者 (3)合并角色。包含多种功能的综合角色

行政管理者在社会工作过程中要保证高效率,特别是不要出现意外。

母题精选

【单选题】社会工作者小王筹备"老来乐"老年人小组活动,吸引不愿意出门的老年人参加社区活动,帮助他们更好地融入社区。在开展活动时,小王作为支持者应(　　)。(真题)

A. 负责小组的领导与管理　　B. 鼓励老年人分享人生经验

C. 评估老年人的正向改变　　D. 邀请街道干部观摩小组活动

微信扫描

【答案】B

【单选题】社会工作者小王在某养老院开展了"幸福银行"老年活动项目。老年人积极参与院内的合唱、手工、书法等兴趣小组活动,参与活动所得积分可用于院内消费,以此提升老年人参与热情,改善生活质量。在上述服务中,小王扮演的角色是(　　)。(真题)

A. 行政管理者　B. 倡导者　C. 政策影响者　D. 治疗者

微信扫描

【答案】B

3. 社会工作价值观、专业助人方法、助人活动

项 目	内 容
社会工作价值观	(1)社会工作的价值观是利他主义,即以帮助他人、服务他人、促进社会福利和社会公正为自己行动的目标 (2)价值观是社会工作的灵魂,只有在牢固地为他人服务的价值观的指导下,社会工作者才会自觉地、持久地开展工作,才会尽最大可能去帮助他人 (3)社会工作价值观是通过专业教育形成的,也是在服务实践中养成的
专业助人方法	专业助人方法是社会工作者的基本功,也是社会工作者区别于一般助人者的明显之处。它不只是指在实际工作中使用的一般方法,而且指那些经过长期实践检验并行之有效的方法
助人活动	助人活动是社会工作者依据其价值观,利用专业方法,向服务对象提供帮助或服务的行动,也是社会工作者与服务对象的互动及合作的过程,它是社会工作的外在表现

专业助人方法被社会工作者共享,有效支持着社会工作者实践。

母题精选

【单选题】社会工作者根据服务对象个人的特殊需要,为其提供个案服务;针对服务对象的同质需要,为更多的人开展小组服务。这表明有效支持社会工作者实践的是(　　)。(真题)

A. 专业助人方法　　B. 潜在服务对象

C. 个人的价值观　　D. 社会工作服务机构

微信扫描

【答案】A

【多选题】关于社会工作构成要素的说法，正确的有(　　)。(真题)

A. 社会工作的专业助人方法主要指在实际工作中使用的一般方法
B. 社会工作者是助人行动的主体，引导助人过程的进行
C. 在专业价值观指导下，社会工作者会自觉、持久地开展工作
D. 服务对象的存在是社会工作专业服务得以发生的基本前提
E. 助人活动是社会工作者为服务对象解决困难的单向支持行动

【答案】　BCD

(二)社会工作者应具备的五大核心能力

项　目	内　容
社会工作者应具备的五大核心能力	(1)沟通与建立关系的能力。社会工作是做人的工作，社会工作者要有良好的沟通和建立关系的能力。社会工作者要同服务对象建立专业关系，要同机构成员及其他机构建立工作关系，并发展和维护这种关系，以推进社会服务 (2)促进和使能的能力。社会工作者将服务对象从不利处境中解脱出来，这就需要社会工作者有促进和使能的能力。“促进”是指促进服务对象的改变。“使能”是要使服务对象有能力去应对问题，这包括要协助服务对象改善其生活机会，要向其提供建议和挖掘其潜能等 (3)评估和计划的能力。社会工作者要有对问题进行预估的能力，了解问题的现状和性质的能力，制订计划的能力，动员和合理分配资源的能力，与服务对象一起有效地处理和解决问题的能力 (4)提供服务和干预的能力 (5)在组织中工作的能力

母题精选

【单选题】使能是社会工作者应该拥有的一种核心能力。下列做法中，体现该能力的是(　　)。(真题)

A. 与服务对象建立专业关系　　B. 协助服务对象激发自身潜质
C. 矫正服务对象的偏差行为　　D. 开发社会工作服务所需资源

【答案】　B

第二节　我国社会工作发展的基本原则

我国社会工作发展的四大基本原则(了解)

本考点在考试中暂未考查，考生了解即可。

项　目	内　容
我国社会工作发展的四大基本原则	(1)坚持中国共产党的领导 ①社会工作的发展要符合中国共产党确立的发展中国特色社会主义的政治方向 ②要准确理解和认真贯彻党的改善民生的各项政策 ③要认真贯彻和实施党和政府有关发展社会工作的政策 ④社会工作群体要自觉地在思想上、政治上、行动上同党中央保持高度一致

续上表

项目	内容
我国社会工作发展的四大基本原则	(2)坚持社会主义核心价值观的引领 ①社会主义核心价值观是社会主义核心价值体系的内核,体现了社会主义核心价值体系的根本性质和基本特征 ②社会工作是为人民服务的专业活动。在宏观上,追求社会的民主与和谐、追求社会进步;在社会层面上,追求社会公平正义和包容;在职业行动上,崇尚敬业、诚信,真心实意为困难群体和有需要的人士服务。在这些方面,社会工作所遵循的原则与社会主义核心价值观是一致的 (3)坚持以人民为中心的理念 ①社会工作是为困难群体、脆弱群体和其他有需要群体实施专业服务的活动,从更大范围上来说,社会工作是为人民服务的 ②社会工作看重人、尊重人,把服务对象置于主体和平等的地位 ③社会工作以服务对象生活状况的改变、能力的发展为目标,并以此作为自己服务成败的衡量标准,这就必然会坚守以服务对象和人民为中心的理念 ④社会工作的发展要以人民为中心,既反映了社会工作专业的本质特征,也为我国社会工作的健康发展指明了方向 (4)坚持职业化、专业化、本土化的发展路径 ①社会工作要走职业化之路,就是要使社会工作成为令人尊敬的职业,要开发社会工作岗位,形成社会工作的职业体系 ②社会工作要走专业化之路,就是要借鉴国际社会工作专业发展的经验,使社会工作服务有更多的专业性和专业技术含量,更好地满足服务对象的需要 ③社会工作要走本土化之路,就是要立足中国实际,运用和挖掘本土社会服务的经验,形成中国特色的社会工作模式

第三节 社会工作的主要领域

一、社会工作的十二个领域(重点掌握)

考查年份:2012～2019年。属于必考点,每年会考1～2道题,通常会出1道单选题(必出)或1道多选题(偶尔出)。一般是根据案例分析社会工作服务所属领域。主要考查方向为:学校社会工作、家庭社会工作和企业社会工作。

项目	内容
儿童及青少年社会工作	(1)我国儿童指的是幼儿到少年这一年龄段的人 (2)儿童社会工作指的是对幼儿、少年和青年的专业社会服务,是为了促进他们的健康成长而提供的福利服务(国际理解) (3)国家对儿童发展及其权益保护负有责任,儿童福利服务一般是由政府负责,而儿童社会工作的提供则由政府和社会工作机构共同进行
老年社会工作	(1)老年社会工作的内容:贫困老人的救助及福利、独居老人的家庭服务、老人的医疗保健服务、离退休老人对社会生活的应对、老人的心理健康、老人丧偶后的生活适应、老人发展服务、老人社会参与等 (2)我国的老年政策:老有所养、老有所医、老有所学、老有所为、老有所乐

续上表

项　目	内　容
妇女社会工作	包括:弱势女性的保护、女性发展服务
残疾人社会工作	(1)残障分为肢体残障和智力残障 (2)残疾人的服务重点 ①个人层面。最大限度地帮助残障人士融入社会生活。康复服务包括物理治疗和精神康复两部分 ②社会层面。为残障者参与社会创造适宜的环境条件 (3)残疾人的服务方式。机构内康复、社区康复和职业康复等
矫正社会工作	矫正社会工作是指社会工作者运用社会工作的专业理论和方法对罪犯或有犯罪倾向的违法人员提供思想教育、心理辅导、行为纠正,使其消除犯罪心理结构,修正其行为模式,以适应正常社会生活的服务
优抚安置社会工作	主要包括优抚医院社会工作、光荣院社会工作、复员退伍军人安置社会工作、军休社会工作、烈士褒扬社会工作和军供社会工作
社会救助社会工作	社会救助社会工作是针对社会救助对象开展的社会服务。社会救助是政府或社会服务机构对物质生活面临危机的社会成员提供的物质及社会关系方面的支持和帮助
家庭社会工作	家庭社会工作是因社会或家庭成员方面的原因使正常的家庭生活陷入困境,而由社会工作者提供的支持性服务。家庭社会工作以家庭整体为服务对象,其目的是通过协调家庭成员之间、家庭与环境之间的关系,帮助恢复家庭的正常生活,发挥其正常功能
学校社会工作	(1)学校社会工作主要是指社会工作者以帮助学生正常学习和健康成长为目的所提供的专业服务 (2)3 种工作模式 ①治疗型学校社会工作,即针对"问题学生"失常的心理和行为而开展的工作,其目的是帮助他们解决问题、正常发展 ②变迁型学校社会工作,即帮助学生适应剧烈的社会变迁而开展的工作,包括各种辅导活动 ③社区—学校社会工作,即把社会工作延伸到学校之外,包括联系学生家长、实现家—校沟通、对离校学生提供追踪服务、开展社区教育以利于学生学习与成长等。随着社会变迁的加剧、社会价值的多样化,青少年学生遇到的自身发展方面的问题越来越多,学校社会工作也变得越来越重要

除了这十二个领域,社会工作在促进就业、心理健康服务等方面发挥着重要作用。

治疗型学校社会工作在历年考试中出现的频率较高,考生需要重点掌握,同时也不能忽视变迁型学校社会工作和社区—学校社会工作,它们可能会成为接下来考试的重点。

续上表

项　目	内　容
社区社会工作	分为城市社区社会工作和农村社区社会工作两种 (1)城市社区工作。社会工作者帮助服务对象缓解压力,促进家庭关系的和睦 (2)农村社区工作。社会工作者与各职能部门、相关专家学者及当地居民共同规划经济事业及科、教、文、卫事业的发展蓝图 另外,《民政部、财政部关于政府购买社会工作服务的指导意见》指出,在社区发展过程中,还应实施城市流动人口和社会融入计划,农村留守人员社会保护计划,老年人、残疾人社会照顾计划,特殊群体社会关爱计划及受灾群众生活重建计划等
医务社会工作	这是指在医疗、卫生、保健领域实施的社会工作。社会工作者帮助建立良好的医患关系,连接医疗资源,建立患者与社区间的联通关系
企业社会工作	这是指在企业中开展的社会工作,也称为工业社会工作。社会工作者通过专业服务,改善职工心理状况、工作条件和待遇,协调管理层与职工间的沟通问题,以达到双赢的目的

母题精选

【单选题】李女士与丈夫在孩子教育问题上经常发生激烈争吵。社会工作者小陈评估后发现李女士与丈夫之间存在沟通障碍,决定对他们开展辅导服务。上述小陈的服务涉及的社会工作领域是(　　)。(真题)

A. 家庭社会工作　　B. 学校社会工作

C. 社区社会工作　　D. 青少年社会工作

【答案】A

【单选题】学校社会工作者小高针对因迷恋上网而学习成绩下降的学生开展小组服务。在小组活动中,小高通过引导学生树立正确的网络使用观念,提高自身行为控制能力,取得了良好效果。上述小高的服务属于(　　)。(真题)

A. 治疗型学校社会工作　　B. 家庭—学校社会工作

C. 变迁型学校社会工作　　D. 社区—学校社会工作

【答案】A

【单选题】社会工作者小李的工作内容是为城市无家可归者提供基本生活物资帮扶、政策咨询和心理疏导服务。该服务领域属于(　　)。(真题)

A. 社区社会工作

B. 优抚安置社会工作

C. 家庭社会工作

D. 社会救助社会工作

【答案】D

二、社会工作领域的扩展(了解)

本考点在考试中暂未考查,考生了解即可。

项　目	内　容
社会工作领域的扩展	(1)从物质生活上最困难的人到所有基本生活遇到困难而需要帮助的人 (2)从贫困的个体和家庭到有问题、欠发展的社区 (3)从困难民众到一般公众 (4)从补救、治疗到预防和发展

章节练习

本书不在书本上进行章节练习的展示,在此做特别说明。

1. 纸质教材无法跟踪考生做题记录,不能对考生的做题数据进行统计,不方便考生日后复习检查。

2. 纸质教材篇幅有限不能大量展现章节知识点练习题,达不到真正的练习检测效果。

3. 软件练习模式多样,适合考生多种情形下进行学习。

综合以上几点考虑,编委会老师结合本书,研发了智能考试学习系统,包含智能题库微信版和智能题库网页版,考生可通过扫描【章节练习】旁边的二维码进入微信版题库进行章节练习或打开网址 https://shegong.ek100.cn/进入网页版题库进行章节练习。

智能题库中包含大量考试真题、模拟题、押题。同时,在智能题库中还为考生提供多种练习方式,包括章节练习、真题必练、模拟押题、错题训练等。通过多种练习方式,能够有效巩固考生所学知识,并通过记录做题数据,方便考生检查错题、攻克薄弱知识点(这是纸质练习无法实现的)。

考生在学习过程中可将教材与软件结合起来使用,利用固定充裕的时间学习纸质教材的内容。在有网络的情况下,可通过网页在线题库进行检查学习;有零散时间的时候,可充分利用微信版题库在手机上进行复习。微信版和网页版题库共用账户,做题数据同步。

【提示】首次扫描二维码进入微信版题库,需要注册账户并激活账户(注册及激活方式见封底)。

第二章　社会工作价值观与专业伦理

• 本章应试分析

本章介绍了社会工作价值观和专业伦理方面的相关知识，旨在从思想层面对社会工作者的日常工作进行指导。在历年考试中，本章涉及分值约为 9～10 分，一般会出 5～6 道单选题和 2 道多选题。

本章的学习重点为第二节内容。这一章知识内容较为简单，主要是讨论社会工作的价值与伦理，伦理就涉及道德，考生在学习时，要立意高远。

• 思维导图

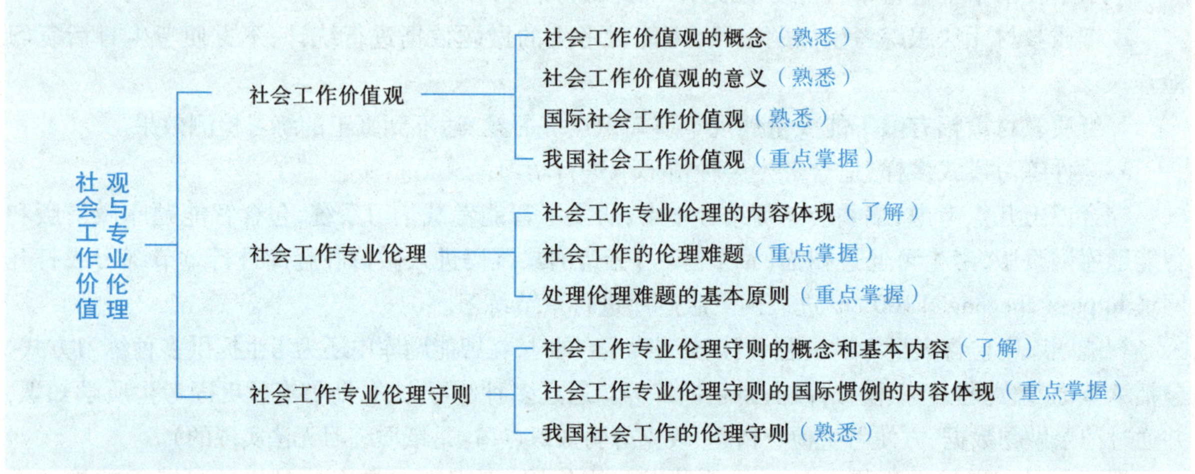

• 名师同步精讲

第一节　社会工作价值观

一、社会工作价值观的概念（熟悉）

项　目	内　容
社会工作价值观的概念	（1）社会工作价值观是在社会工作专业或职业范围内形成和发展起来的一整套对人、对事和对专业的总体判断与核心理念，它对树立专业使命、规范专业行为和保护服务对象的利益发挥着很重要的作用 （2）社会工作价值观来源于社会的价值观，在一般情况下是与社会的价值观相一致的，其重要意义在于它对专业实践的规范和功效的保障

名师指导

考查年份：2011 年。本考点在考试中考查较少，考查题型为单选题。主要考查方向为：对社会工作价值观概念的正确认识。

二、社会工作价值观的意义（熟悉）

项　目	内　容
社会工作价值观的意义	（1）保护服务对象的权益 （2）帮助社会工作者解决伦理难题 （3）促进专业的健康发展 （4）促进社会服务机构的能力建设 （5）维护社会正义。在宏观层面上，社会工作的核心使命是为了促进社会公平与正义。社会工作价值观的维系和发展，不仅强调社会对个人的责任，而且注重社会中不同群体在发展与分配中的平等机会

考查年份：2015 年、2017 年。本考点是 2015 年新增知识点，在 2015 年和 2017 年均出了 1 道单选题。主要考查方向为：社会工作价值观的作用。

母题精选

【单选题】关于社会工作价值观的作用的说法，正确的是（　　）。（真题）

A. 社会工作价值观的维系和发展，仅强调社会对个人的责任

B. 社会工作价值观来源于社会价值观，两者应始终保持一致

C. 社会工作价值观能规范社会工作者的行为，促进专业健康发展

D. 社会工作价值观要求社会工作者在服务中满足服务对象提出的所有需求

微信扫描

【答案】 C

三、国际社会工作价值观（熟悉）

项　目	内　容
国际社会工作价值观	（1）服务大众。社会工作者要超越个人利益，以社会中有需要的困难群体为工作首要任务 （2）践行社会公正 （3）强调服务对象个人的尊严和价值 （4）注重服务中人与人之间关系的重要性 （5）待人真诚和守信 （6）注重能力培养和再学习

考查年份：2014 年。本考点在考试中考查较少，偶尔会出 1 道单选题。考生掌握 6 大价值观即可。

母题精选

【单选题】关于国际社会工作界认同的专业价值观的说法，正确的是（　　）。（真题）

A. 社会工作者应追求社会公正，推动社会进步

B. 社会工作者应在保障自身获益的前提下提供专业服务

C. 社会工作者应平等对待每位服务对象，忽略他们在各方面的差异

D. 社会工作者应在服务过程中保持专业性，不能向服务对象透露自己的经历

微信扫描

【答案】 A

四、我国社会工作价值观（重点掌握）

项　目	内　容
我国社会工作价值观的内容	（1）以人为本，回应需要 （2）接纳和尊重 （3）个别化（将服务对象看作是不同的个体）和非评判

考查年份：2012 ~ 2019 年。属于必考点，每年会考 1 ~ 2 道题，包括 1 道单选题（必出）或 1 道多选题（偶尔出）。通常都是让考生根据案例分析反映出来的社会工作价值观。主要考查方向为：接纳、尊重和个别化。

续上表

项　目	内　容
我国社会工作价值观的内容	(4)注重和谐(家庭关系和谐、人际关系和谐、群体关系和谐、干群关系和谐以及社区和谐等),促进发展 (5)平等待人,注重民主参与 (6)权利与责任并重 (7)个人的发展与社会发展相结合

接纳与个别化都与服务对象的个人特质(如年龄、性别、种族、生理—心理状况、宗教信仰、政治倾向等)有关。
①接纳是不因这些特质对其采取歧视或拒绝提供专业服务。
②个别化是充分考虑这些特质对服务需求和模式的潜在影响。

母题精选

【单选题】社会工作者在提供服务时,强调要尊重服务对象,充分考虑到服务对象的年龄、性别、种族、文化背景和社会地位等的差异。这表明在建立和发展社会工作价值观时应坚持(　　)的原则。(真题)

A. 个别化　　B. 权责并重　　C. 关系和善　　D. 民主参与

微信扫描

【答案】A

【单选题】小王被确诊为艾滋病病毒感染者后,很少与人往来。最近,备受折磨的小王主动找到社会工作者老李,希望老李协助他有尊严地离开这个世界。小王在诉说时情绪激动,老李始终认真倾听小王的诉求,耐心疏导小王的情绪。在此过程中,老李践行的专业价值观是(　　)。

A. 自我决定　　B. 知情同意　　C. 认同　　D. 接纳尊重

微信扫描

【答案】D

【单选题】社会工作者小周在为跟随子女到城市生活的老人提供服务时,充分考虑和尊重老人的文化背景、生活习惯等差异,得到老人们的一致好评。小周的工作体现的社会工作专业价值观是(　　)。(真题)

A. 个别化和非评判　　B. 平等待人,注重民主参与
C. 注重和谐,促进发展　　D. 个人发展与社会发展相结合

微信扫描

【答案】A

第二节　社会工作专业伦理

微信扫描

一、社会工作专业伦理的内容体现(了解)

本考点内容与后文的“社会工作伦理守则的国际惯例的内容体现”相重合。考生可在后文中学习详细内容。

项　目	内　容
社会工作专业伦理的内容体现	(1)社会工作者对服务对象的伦理责任 (2)社会工作者对同事的伦理责任 (3)社会工作者对服务机构的伦理责任 (4)社会工作者作为专业人员的伦理责任 (5)社会工作者对社会工作专业的伦理责任 (6)社会工作者对全社会的伦理责任

二、社会工作的伦理难题（重点掌握）

> 考查年份：2012～2019 年。属于必考点，每年会出 2～3 道题，通常会出 2 道单选题（必出）或 1 道多选题（偶尔出）。一般是根据案例判断最符合伦理难题处理的选项。主要考查方向为：保密原则、自我决定问题。

项　目	内　容
伦理难题的产生	社会工作实践中的伦理难题的产生是多方面原因造成的，包括目标、价值观、身份与角色以及利益的冲突
社会工作的伦理难题	（1）保密问题（基本原则）。社会工作者有责任和义务保护服务对象的隐私不受侵害。但在实践中，这一原则并不容易把握 （2）人情与法制及规定的冲突问题。社会工作者要正确有效地区分人情、法制与规定的影响和后果 （3）价值介入与客观性的矛盾 （4）社会工作者的个人利益满足与职业的社会责任之间的冲突 （5）自我决定问题。社会工作者在实践中，要尽力鼓励服务对象自我决定，让服务对象发挥潜能，在自助中获得成长和变化。如果遇到一些自己没有能力作出决定的特殊服务对象，社会工作者还是要尽量避免替服务对象作出决定，或者寻求团队或专业人员的帮助，共同作出一个适当的伦理决定，防止负面后果或风险的出现

母题精选

【单选题】某服务对象与社会工作者小张配合良好，对其很信任。有一天，该服务对象告诉小张自己盗窃了公司的重要物品，但没人发现，请求小张保密。根据社会工作价值观与专业伦理，此时，小张最合适的做法是（　　）。（真题）

A. 替服务对象保密　　B. 对此事不作反应

C. 陪同服务对象向公安部门自首　　D. 让服务对象将偷盗的物品悄悄送回公司

【答案】C

【多选题】有一天，入住某养老机构的王奶奶特意把社会工作者小范叫到房间，送给她一个钱包，感谢她一直以来的照顾，并偷偷告诉她，自己的入住担保人是朋友的女儿而不是自己女儿，虽然不符合机构的规定，但还请小范保密。上述情形中，小范遇到的社会工作伦理难题有（　　）。（真题）

A. 价值介入与客观性的矛盾　　B. 保密与信息披露的矛盾

C. 人情与法制及规定的矛盾　　D. 个人利益与机构利益的矛盾

E. 服务对象自我决定与社会工作者决定的矛盾

【答案】BC

【单选题】小红在接受社会工作者服务半年后，情况越来越好。小红的父母很感激社会工作者，邀请其参加家庭聚会，并希望与社会工作者进一步讨论小红的情况。根据社会工作专业伦理守则，社会工作者适宜的回答是（　　）。（真题）

A.“谢谢，我也想和你们聊聊孩子的情况。”

B.“对不起，周末要加班，再找其他机会吧。”

C.“不好意思，周末家里有事，下次有机会再去。”

D.“谢谢，我不方便去，你有时间的话，可以来机构找我。”

【答案】D

三、处理伦理难题的基本原则（重点掌握）

考查年份：2012～2019年。属于必考点，会出1～4道题。此考点出题数量不固定，有时候考的多，有时候考的少。主要考查方向为：①保护生命原则是最高频考核点；②其他几点原则每年选考。

基本原则	内容
保护生命原则	在社会工作实践中，保护生命原则高于其他所有伦理原则，社会工作者不仅有义务保护服务对象的生命，也有义务保护其他所有人的生命
差别平等原则	(1)要以平等的方式对待服务对象 (2)要注重服务对象的差异 【提示】在助人过程中充分把握好平等待人和个别化服务的理念
自由自主原则	(1)充分调动服务对象在服务参与中的积极性和能动性 (2)充分尊重服务对象的意见 (3)鼓励服务对象表达不同意见 (4)注重倾听服务对象的意见和声音 (5)尊重服务对象在服务过程中的选择和决定
最小伤害原则	尽力保护服务对象的利益不受到侵害，最大可能地减少甚至预防伦理决定和服务对服务对象的身体、心理和精神上的可能伤害，尽可能实现其利益的最大化
生命质量原则	(1)通过服务来改善服务对象的身体及心理状况 (2)通过提供经济帮助、心理辅导服务来满足服务对象的需要，改善服务对象的生活质量和提高服务对象的身体及心理健康指数
隐私保密原则	社会工作者正确处理服务对象在专业过程中透露和提供的个人信息，包括信息资料的安全存放和使用程序上的专业性，不向任何其他人士和公众透露或泄露服务对象的个人信息与隐秘资料，以确保服务对象的利益不受侵犯
真诚原则	专业工作者要与服务对象适当交心，并分享自己的生命故事和人生经验

母题精选

【单选题】齐奶奶患有轻度认知障碍症，常常忘记吃饭，有一次还差点走失。社会工作者小王认为齐奶奶独自在家非常不安全，但是齐奶奶家人白天无法陪护。从安全防护优先的角度出发，小王应采取的干预措施是(　　)。(真题)

A. 马上将齐奶奶送至社区日间照料中心

B. 让齐奶奶自己决定是否去社区日间照料中心

C. 与齐奶奶家人商量，将其送到社区日间照料中心

D. 邀请齐奶奶参加社区日间照料中心的健康讲座

【答案】A

【多选题】某养老机构的社会工作者大明在巡视老人房间时,发现服务对象孙奶奶正对着镜子看自己的头,经询问后得知,孙奶奶昨天在房间摔了一跤,头上碰了一个包。孙奶奶担心被人笑话,嘱咐大明千万不要告诉别人。根据社会工作专业伦理难题处理原则,大明恰当的做法有( )。(真题)

A. 积极做好防跌倒服务　　B. 嘱咐孙奶奶在房间走动要小心

C. 劝说孙奶奶去医院检查　　D. 提醒其他老人吸取孙奶奶的教训

E. 建议机构检查设施情况

【答案】 ABCE

第三节　社会工作专业伦理守则

一、社会工作专业伦理守则的概念和基本内容(了解)

本考点从2012年开始就没再考过,考生稍加了解即可。

项　目	内　容
概念	主要是指通过专业价值观和专业共同体制定出的伦理守则,来约束社会工作者正确处理实践中的价值观问题
基本内容	服务;社会正义;人的尊严和价值;人类关系的重要性;正直;能力

二、社会工作专业伦理守则的国际惯例的内容体现(重点掌握)

考查年份:2012~2019年。属于必考点,会考1~2道题。通常会出1道单选题(必出)和1道多选题(偶尔出)。一般通过案例,让考生分析属于哪一领域的伦理责任,或者分析属于什么伦理责任。

知情同意:服务对象有权利在充分知情的前提下选择服务的方式、内容等。

项　目	内　容
社会工作者的态度和行为	(1)态度:服务需要人群,促进社会变迁和正义 (2)行为 ①服务对象——关爱、有同理心、非评判 ②同事——公平、合作 ③社会服务机构——表里如一 ④社会——促进社会福祉的发展,实现社会正义
社会工作者对服务对象的伦理责任	(1)对服务对象的承诺、负责 (2)尊重服务对象的自我决定、文化敏感性与多样性 (3)尊重服务对象的知情同意权,保护其隐私并保密 (4)肯定并挖掘服务对象的能力
社会工作者对同事的伦理责任	(1)互相尊重,注重合作,适时做好服务转介 (2)正确处置利益冲突与争议 (3)做好保密性工作 (4)积极承担咨询、教育与培训的责任

续上表

项　目	内　容
社会工作者对专业的伦理责任	(1)注重专业品性。加强自我学习,促进专业发展 (2)加强专业评估与研究,推动整体福利及服务水平的改善
社会工作者对机构的伦理责任	(1)社会工作者有责任维护机构的政策与立场 (2)社会工作者应对机构的相关资料和信息进行保管 (3)社会工作者应妥善使用和保存机构的文件信息和其他相关资料 (4)社会工作者有责任促进机构与政府及其他机构的合作关系 (5)社会工作者有责任协调服务对象与机构的关系
社会工作者对社会的伦理责任	(1)促进社会福利的发展 (2)促进公共参与 (3)在公共危机情形下,提供介入与救助措施 (4)通过社会与政治行动减少不平等、反对歧视和促进社会正义

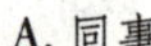

母题精选

【单选题】社会工作者小马所在机构长期在某村庄开展社会工作服务,协助村民发展有机农业,受到村民欢迎。某电视台想采访小马并报道该服务,小马向机构负责人汇报并经同意后接受了记者的采访。小马的做法体现了社会工作者对(　　)的伦理责任。(真题)

A. 同事　　B. 专业　　C. 社会　　D. 机构

【答案】D

【多选题】关于社会工作者伦理责任的说法,正确的有(　　)。(真题)

A. 社会工作者对服务对象负有伦理责任,当服务对象难以做决定时,应尽量帮助其做决定

B. 社会工作者对同事负有伦理责任,在开展服务过程中,当同事遇到工作困难时应鼎力相助

C. 社会工作者对全社会负有伦理责任,在专业范围内,应尽心尽力促进整体社会福利的发展

D. 社会工作者对社会工作专业负有伦理责任,在开展服务时,应保证专业的完整性和遵循专业的评估

E. 社会工作者对服务机构负有伦理责任,当服务对象需求与机构服务宗旨冲突时,应遵守机构的规定

【答案】BCD

【多选题】某养老服务机构的社会工作者计划组织老人外出秋游。机构为了安全起见，将报名人数控制在20人以内，并要求老人身体情况良好，有子女的老人还需其子女签订知情同意书。宣传海报发出后，报名人数达到了50人。其中，有的老人身体情况不允许出游，有的老人提出子女在外地出差，无法签字。根据社会工作对服务对象的伦理责任要求，下列社会工作者的做法中，正确的有(　　)。

A. 在确认孤寡老人身体状况良好的前提下，机构为其签署知情同意书

B. 根据所有报名老人的身体情况，设计不同的外出活动路线

C. 对于子女不能来签字的老人，由社会工作者代为签字

D. 招募志愿者分工负责老人安全，预防风险发生

E. 对于身体状况差的老人，劝其不参加本次活动

【答案】DE

三、我国社会工作的伦理守则（熟悉）

项　目	内　容
社会工作专业伦理制定的原则	(1)现实需要和未来发展相结合 (2)本土社会工作的伦理实践与国际社会工作专业伦理规则相结合 (3)专业实践与政治实践互不冲突
社会工作者职业道德指引的主要内容	(1)尊重服务对象，全心全意服务 (2)信任支持同事，促进共同成长 (3)践行专业使命，促进机构发展 (4)提升专业能力，维护专业形象 (5)勇担社会责任，增进社会福祉

考查年份：2015年、2019年。本考点在考试中考查较少，考查题型为单选题。主要考查方向为：社会工作者职业道德指引的主要内容。

社会工作者不得利用与服务对象的专业关系，牟取私人利益或其他不当利益，损害服务对象的合法权益。

母题精选

【单选题】社会工作者小赵的服务对象是一家健身中心的总经理，得知小赵喜欢健身运动后，他赠送给小赵一些优惠券。根据社会工作专业伦理守则，小赵正确的做法是(　　)。(真题)

A. 婉拒赠送，表示感谢　　B. 接受赠送，转赠同事

C. 婉拒赠送，结束服务　　D. 接受赠送，表示感谢

【答案】A

章节练习

手机微信扫描【章节练习】旁边的二维码或电脑浏览器打开 https://shegong.ek100.cn/即可进入智能题库进行章节练习。

第三章　人类行为与社会环境

本章应试分析

本章主要介绍人类行为与社会环境的相关知识，人类行为会受到社会环境的影响。本章在历年考试中，涉及分值约为 7～9 分，一般会出 5 道单选题，1～2 道多选题。

本章考核的内容都是基本概念与基本知识，难度不大，多为记忆性知识点。这一章很多知识点和实际生活联系紧密，考生可多联系实际生活，加深理解。

思维导图

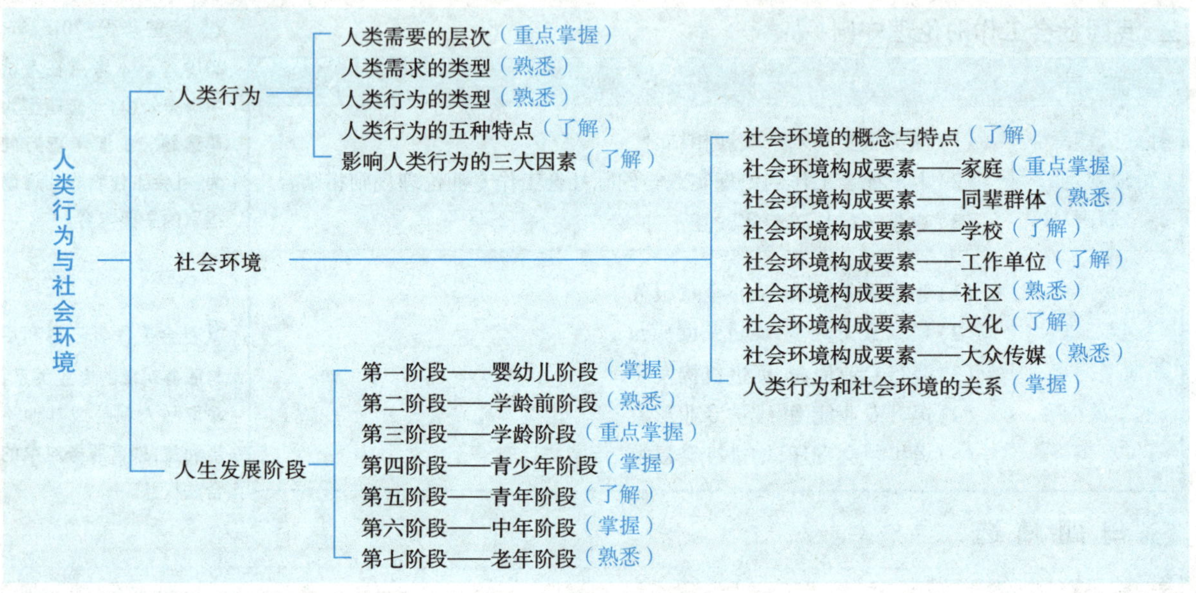

名师同步精讲

第一节　人类行为

一、人类需要的层次（重点掌握）

（一）马斯洛需要层次论（20 世纪 50 年代）

项　目	内　容
人类的需求类型	（1）生理需要 （2）安全需要 （3）归属与爱的需要。归属，是指希望找到群体，成为群体的一员。爱，主要是指友爱，既包括伙伴友谊，也包括爱情 （4）尊重的需要。从内部来说，是有自己的尊严，即自尊。从外部来说，是获得别人的尊重

名师指导

考查年份：2013～2015 年、2017～2019 年。基本属于必考点，一般会出 2 道题，多为单选题。主要考查方向为：几种需要的判定。

续上表

项 目	内 容
人类的需求类型	(5)自我实现的需要。这是最高层次的需要,即实现个人的理想或者抱负,实现自我价值
马斯洛需求层次论的基本观点	(1)上述五个需求依次构成需求层次 (2)只有满足了基本的低级需要后才会产生高级需要 (3)最占优势的需要将支配一个人的意识和行为 (4)高级需要出现之后,低级需要仍然存在,但对行为的影响会减弱

低级需要是人与动物共有的,而高级需要则是人类所特有的。

母题精选

【单选题】小丽大学毕业后进入社会工作服务机构工作。由于当地社会工作刚刚起步,社会工作服务机构不多,同行之间互动很少。为了更好地融入这个群体,她报名参加了社会工作者协会的继续教育培训,并注册成为该协会会员。根据马斯洛的需要层次论,小丽追求的是(　　)的需要。(真题)

A. 安全　　B. 归属与爱　　C. 尊重　　D. 自我实现

微信扫描

【答案】D

【多选题】学校社会工作者为刚入学的外来务工人员子女提供服务,服务内容包括讲授人际交往技巧,协助他们与其他同学建立伙伴关系,促进他们成为班级的一员;辅导学业和培养兴趣,帮助他们建立自信,获得同学的认可。该服务直接满足的外来务工人员子女的需要有(　　)。(真题)

A. 生理需要　　B. 安全需要

C. 爱与归属需要　　D. 尊重需要

E. 自我实现需要

微信扫描

【答案】CD

(二)阿尔德弗尔的 ERG 理论(1969 年)

项 目	内 容
需求的类型	(1)生存的需要 (2)关系的需要。这是指发展人际关系的需要。这种需要通过工作中或工作以外与其他人的接触和交往得到满足 (3)成长的需要。这是个人自我发展和自我完善的需要。这种需要通过发展个人的潜力和才能,使个人得到满足
ERG 理论的基本观点	(1)不强调需要层次的顺序,认为某种需要在一定时间内对行为起作用,而这种需要得到满足后,可能去追求高层次的需要,也可能没有这种上升趋势 (2)当较高级需要受到挫折时,可能会降而求其次 (3)某种需要在得到基本满足后,其强烈程度不仅不会减弱,还可能会增强

母题精选

【多选题】关于阿尔德弗尔的ERG理论的说法，正确的有(　　)。(真题)

A. 人类需要不强调需要层次的顺序

B. 生存需要包括身体健康和自主两方面

C. 关系的需要包括自我发展和自我完善

D. 某种需要在得到基本满足后还可能会增强

E. 人类需要分为生存需要、关系需要和成长需要

【答案】 ADE

【单选题】小林婚后辞职在家，专心做起全职妈妈。在孩子过完5周岁生日后，小林在日记里这样写道："与孩子在一起的日子是开心的，可终究还是有放飞的一天。这些年我为家庭倾注了太多心血，感觉像蜡烛一样被耗竭，每天在家面对的都是几张熟悉的面孔。我不想再像囚鸟似地困在笼中，我想出去看看外面的世界。"根据阿尔德弗尔的ERG理论，小林的日记中反映出她目前主要的需要是(　　)。(真题)

A. 生存的需要　　B. 尊重的需要　　C. 成长的需要　　D. 关系的需要

【答案】 D

(三)莱恩·多亚尔和伊恩·高夫的需要理论

项　目	内　容
需求的类型	(1)基本需要，包括身体健康和自主两个方面 ①身体健康是人类基本的需要，其能够跨越文化的差异，如处在不同文化背景下的个体得了同一种疾病，至少在患病的感觉、病理检测报告、病因以及对疾病的防治和治疗方法上是相同的 ②自主，影响一个人自主性的因素有：对自我、自身所处的文化以及自己在所处文化中应该做什么的理解水平；个体的心理健康水平；客观环境所提供的机会 (2)中介需要，是指那些在所有文化中能够促进身体健康和人的自主的产品、服务、活动和关系的特性。包括：有营养的食物和洁净的水、具有保护功能的住房、无害的工作环境、无害的自然环境、适当的保健、童年期的安全、重要的初级关系、环境上的安全、经济上的安全、适当的教育、安全的生育控制与分娩
基本观点	基本和中介需要是人类存在共同的、客观的需要。与人类的基本生活息息相关

母题精选

【单选题】近年来，大气污染问题逐渐受到社会的关注，很多社会组织和个人呼吁政府加强污染治理力度，倡导绿色环保出行。根据莱恩·多亚尔和伊恩·高夫的需要理论，这种行为反映出的"中介需要"是(　　)。(真题)

A. 重要的初级关系　　B. 适当的教育环境

C. 自然环境的安全　　D. 良好的社会环境

【答案】 C

二、人类需求的类型(熟悉)

👍 考查年份:2016 年。本考点在考试中考查较少,只 2016 年考过 1 道单选题。主要考查方向为:根据案例分析属于哪一类需求。

项　目	内　容
生理性需要和社会性需要	分类依据:按人类需求起源 (1)生理性需要。即人类对延续和发展自己的生命所必需的客观条件的需要,主要包括对生活资料的需要、生理保健的需要、繁衍后代的需要等 (2)社会性需要。即人们在生理性需要的基础上形成的一种特有的需要,它是在维持人们的社会生产和社会交往的过程中形成的,主要包括人对工作的需要、对知识的需要和实现理想的需要等
物质需要和精神需求	分类依据:按需求内容的角度 (1)物质需要。即个体对物(如衣、食、住、行和日常用品)的需要。在物质需要中既包括生理性需要,又包括社会性需要 (2)精神需要。即人对自己的智力、道德和审美等方面的发展条件的需要,包括人对学习提高的需要、创造发明的需要、贡献能力的需要、独立自尊的需要等
生存性需求和发展性需求	分类依据:按人们对需要的迫切程度 (1)生存性需要。即维持人类生存所必需的条件,如阳光、空气、食物等 (2)发展性需要。即人类平等、自由地参与政治、经济、社会发展所需要的各种条件,如教育、医疗、社会保障等

母题精选

【单选题】"三人行,必有吾师焉"体现出的人类需要类型是(　　)。(真题)

A. 爱的需要　　B. 自尊的需要

C. 审美的需要　　D. 学习的需要

【答案】D

三、人类行为的类型(熟悉)

👍 考查年份:2016 年。本考点在考试中考查较少,只 2016 年考过 1 道单选题。主要考查方向为:正常行为和偏差行为的判定。

项　目	内　容
本能行为和习得行为	分类依据:人类行为的起源 (1)本能行为。如吮吸、爬行等 (2)习得行为。又叫学习行为,如工作、交往等人类的大多数行为都是先天本能加上后天学习所产生的
亲社会行为和反社会行为	分类依据:行为对社会的作用 (1)亲社会行为。积极行为,包括助人、遵守社会规范、友善、公共参与等 (2)反社会行为。消极行为,包括暴力行为、侵犯或攻击行为、伤害他人和破坏社会秩序行为等

续上表

项　目	内　容
正常行为和偏差行为	分类依据:行为是否符合正常模式和社会规范 (1)正常行为。指符合社会规范和正常模式的行为 (2)偏差行为。指显著异于常态而妨碍个人正常生活的行为
判断正常行为和偏差行为的常用标准	(1)统计学标准。如果偏离统计上的正常行为值则会被认为是偏差行为 (2)社会规范与价值标准。如果个人的行为不符合当地社会规范和价值观念,就被视为有偏差的行为 (3)行为适应性标准。如果由于器质或功能的缺陷使个体能力受损,不能按照社会认可的方式行事,致使其行为后果对本人或社会带来不适,则被认为是偏差行为 (4)个体主观体验。即观察者根据自己的经验作出某种行为正常还是偏差的判断

母题精选

【单选题】王大爷身体一向很好，最近突发中风瘫痪在床后，脾气变得很暴躁，经常与家人吵架。根据上述情况,社会工作者小李认为王大爷出现了行为问题，小李作出这种判断的依据是(　　)。(真题)

A. 统计学标准　　B. 内省经验标准

C. 行为适应性标准　　D. 社会规范标准

【答案】 C

四、人类行为的五种特点(了解)

本考点从2012年开始就没再考过,考生了解人类行为的5个特点即可。

项　目	内　容
人类行为的五种特点	(1)适应性。人类行为的根本目的是适应环境 (2)多样性。人类行为是一个复杂系统 (3)发展性。人类行为是连续不断的发展过程,现在行为是过去行为的继续,而现在的行为又将成为未来行为的基础 (4)可控性。人类能有意识地控制和调节自身的行为,使其向着目标前进 (5)整合性。人类行为是各种特征协调一致的结果

五、影响人类行为的三大因素(了解)

本考点从2012年开始就没再考过,考生了解3大要素即可。

项　目	内　容
生理因素	生理因素影响人的成长;生理因素的变化会影响心理因素的成长;不同阶段的人生理发育不同

续上表

项　目	内　容
心理因素	(1)心理认知帮助我们正确认识自己、他人和社会,正确的认知让我们得以与之和谐相处 (2)情感对人类行为的影响十分重要;心理的需要和动机影响行为的变化
社会因素	社会因素包括家庭、群体、经济制度、政治制度、社会事件与文化等
总结	三大因素相互交叉影响着人类行为的发展

第二节　社会环境

一、社会环境的概念与特点(了解)

本考点从2012年开始就没再考过,考生稍加了解即可。

项　目	内　容
概念	(1)社会环境是指与人类生存相关的社会因素,以及与人的生物遗传、心理状态相互作用而形成的社会系统 (2)社会环境主要包括家庭、学校、单位、群体、社区、文化等子系统
特点	多样性;复杂性;层次性;稳定性;变动性

二、社会环境构成要素——家庭(重点掌握)

考查年份:2012～2019年。属于必考点,每年会考1～2道单选题。主要考查方向为:家庭的类型和家庭教育模式。

项　目	内　容
家庭的主要五大类型	(1)核心家庭。即由一对夫妇及其未婚子女组成的家庭类型 (2)主干家庭。即由父母与一对已婚的子女共同居住生活的家庭类型 (3)联合家庭。即父母与多对已婚子女共同居住生活的家庭类型。在联合家庭中至少有两对同代的夫妇,除直系亲属关系外还存在着旁系亲属关系 (4)单亲家庭。即父母一方与未婚子女共同居住生活的家庭类型 (5)丁克家庭。即夫妇双方都有收入而没有孩子的家庭类型
家庭教养模式	家庭教养模式有:骄纵型、支配型、专制型、放任型、冲突型、民主型

类　型	家庭教养特征	孩子的心理特征
骄纵型	盲目溺爱和疏于管束	“霸王”心态:以自我为中心、骄横跋扈、疏懒散漫、贪婪无度
支配型	过分溺爱与严加管束结合	怯懦胆小、意志薄弱、既娇且骄、清高孤傲等
专制型	缺少爱心或耐心,管理方式粗暴	缺乏信任感、戒备心理严重、自卑、消极、暴躁、懦弱、依赖或反抗权威等

续上表

<table>
<tr><th>项　目</th><th>内　容</th></tr>
<tr><td>家庭教养模式</td><td>续上表<table>
<tr><th>类　型</th><th>家庭教养特征</th><th>孩子的心理特征</th></tr>
<tr><td>放任型</td><td>既缺少爱心、耐心，也缺乏责任感</td><td>缺乏自信、自制力差、不负责任、情绪波动异常、待人处世具有攻击性、易受诱惑、做事权宜敷衍、缺乏理想等</td></tr>
<tr><td>冲突型</td><td>家庭成员间人际关系紧张、不和谐，家庭气氛失调，价值导向不一致</td><td>缺乏安全感、意志力薄弱、残忍冷酷、撒谎，大多数有激烈的反抗性，出现反社会的倾向</td></tr>
<tr><td>民主型</td><td>互相尊重、平等交流，对子女既有约束，又有鼓励</td><td>自尊、自信、自律性强，具有创造性，社交能力强，具有成就动机等</td></tr>
</table></td></tr>
<tr><td>家庭的功能</td><td>情感支持；性爱满足；繁衍后代；社会化；经济功能</td></tr>
<tr><td>家庭对人类行为的影响</td><td>（1）纵向影响。主要来自家庭背景和家庭中过去的事件对当今家庭成员行为的影响
（2）横向影响。主要是家庭成员间的互动对个体行为的影响</td></tr>
</table>

母题精选

【单选题】王女士平时工作非常忙，但她每天总是挤出一些时间，听儿子讲发生在幼儿园的事情。即使儿子在幼儿园做错了事，王女士也不会简单批评，而是会问他事情的经过。每次带儿子逛商场时，都跟儿子商量好只能挑选一件玩具。王女士对儿子的家庭教养方式属于（　　）。（真题）

A. 民主型　　B. 放任型　　C. 支配型　　D. 骄纵型

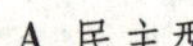

【答案】A

【单选题】小阳经常不按时交作业，班主任在家访中发现，小阳的父亲经常出差，没有时间关心孩子的学习；小阳的母亲没有工作，成天忙着打牌和炒股，对孩子的学习和生活并不关注。据此，班主任判断小阳的家庭教养模式是（　　）。（真题）

A. 冲突型　　B. 支配型　　C. 民主型　　D. 放任型

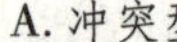

【答案】D

【单选题】小张是家中独子，因无力购置新房，结婚后小两口与小张的父母住在一起。目前，小张的家庭类型属于（　　）。（真题）

A. 主干家庭　　B. 单亲家庭

C. 联合家庭　　D. 核心家庭

【答案】A

【单选题】小苗父母在国外工作，他与妹妹住在亲戚家，与爷爷、婶婶、堂妹一起生活。这样的家庭属于（　　）。（真题）

A. 核心家庭　B. 主干家庭
C. 联合家庭　D. 扩大家庭

微信扫描

【答案】C

【单选题】张敏父母双亡，从小跟年迈的奶奶一起生活，奶奶要照顾多病的爷爷，很少跟张敏交流，以至于张敏觉得在家没有意思，经常偷偷跑出去玩耍，甚至通宵。影响张敏这一行为的主要社会环境是（　　）。

A. 家庭　B. 学校　C. 社区　D. 同辈群体

微信扫描

【答案】A

三、社会环境构成要素——同辈群体（熟悉）

项　目	内　容
特点	平等性；开放性；认同性；独特性
同辈群体对个体行为的影响	（1）它对个体的认知发展、行为塑造、情绪表达、精神追求及支持系统均有直接影响 （2）同辈群体的价值标准与社会主流的价值标准一致时，会有利于群体成员形成积极的行为，反之则会有消极影响 （3）同辈群体在不同的社会系统中扮演着不同的角色

考查年份：2018～2019年。本考点在近几年考试中考查频次较高，一般会出1道单选题。主要考查方向为：同辈群体的特点以及对同辈群体概念的理解运用。

四、社会环境构成要素——学校（了解）

项　目	内　容
学校的类型	（1）根据资金来源不同，可划分为：公办学校和民办学校 （2）根据教育的层次不同，可划分为：小学、初中、高中和大学
学校对人类行为的影响	（1）校园文化。良好的校园文化能够提高学生的责任感和主人翁意识，培养集体观念和协作意识 （2）班级规模。班级规模适当，有利于教师关注到每一个学生，因材施教，教学质量高更利于形成良好的学习氛围 （3）教学模式。要坚持素质教育模式，可从学校实际情况出发设计并组织科学的教育教学活动 （4）师生关系

本考点从2012年开始就没再考过，考生稍加了解即可。

五、社会环境构成要素——工作单位（了解）

项　目	内　容
工作单位的类型	国家机关；事业单位；企业单位；社会组织，主要包括社会团体、民办非企业和基金会
工作单位对人类行为的影响	（1）促使个人学习和实践专门的职业知识、技能和道德规范 （2）指导个人建立各种社会关系，正确调适自我行为，以适应相应的工作需求与社会需求

本考点从2012年开始就没再考过，考生稍加了解即可。

六、社会环境构成要素——社区(熟悉)

考查年份:2014 年。本考点在考试中考查较少,2014 年出了 1 道单选题。主要考查方向为:社区对人类行为的影响。

项 目	内 容
社区的含义	(1)社区是指以一定地域为基础的社会生活共同体 (2)社区基本功能,主要包括:经济功能、社会化功能、社会参与功能、社会控制功能和成员之间相互支持功能
社区的类型	(1)地域性社区和功能(精神)性社区 ①地域性社区。即聚居在一定区域内的社会生活共同体,是按照社区的空间特征来划分社区的一种类型,如农村社区和城市社区 ②功能(精神)性社区。即由有共同目标或共同利害关系的人组成的社会团体,是从社区所发挥的功能性特征来划分社区的一种类型,如留守儿童、单亲母亲等群体 (2)农村社区和城市社区 ①农村社区。即由从事农业生产为主要谋生手段的成员组成的地域性社区 主要特点:人口密度低,同质性强,流动少;经济活动简单;风俗习惯和生活方式受传统影响较大;组织结构简单;家庭在生活中起着重要作用,血缘关系浓厚 ②城市社区。即由从事非农业劳动的成员组织的地域性社区 主要特点:人口集中,异质性强;经济和其他活动频繁;具有各种结构复杂的群体和组织;家庭规模较小,血缘关系淡化;政治、经济和文化都较为发达 (3)传统社区和现代社区
社区对人类行为的影响	(1)社区成员具有某些共同特征,如相似的社会经济地位、生活方式、文化和风俗习惯 (2)社区成员之间存在着复杂的社会交往关系,在交往中彼此产生影响 (3)社区本身是一种社会组织,具有自身的社会规范,对社区成员的行为具有约束作用 (4)社区成员对社区具有强烈的认同感和归属感

七、社会环境构成要素——文化(了解)

本考点从 2012 年开始就没再考过,考生稍加了解即可。

项 目	内 容
文化的含义	文化是社会发展过程中人类创造物的总称,包括物质技术、社会规范和精神体系,是所有物质产品和非物质产品的总和
文化的类型	(1)主流文化和亚文化 (2)传统文化和现代文化 (3)物质文化和非物质文化

续上表

项 目	内 容
文化对人类行为的影响	文化对人类行为的影响主要通过确立行为标准,从而达到规范、控制人的行为的目的

八、社会环境构成要素——大众传媒(熟悉)

项 目	内 容
大众传媒的含义	(1)大众传媒主要是指报纸、杂志、书籍、广播、电视和互联网等 (2)大众传媒特点:传播信息速度快、范围广、影响大 (3)大众传媒功能:宣传功能、新闻传播功能、舆论监督功能、实用功能和文化积累功能
大众传媒的类型	(1)旧传媒。印刷传媒(报纸、杂志、书籍)和电子传媒(广播、电影、电视) (2)新媒体。有线电视、电脑报刊、互联网、卫星电视等
大众传媒对人类行为的影响	(1)可以为受众提供支持其固有立场、观点和行为的有关信息,从而增强受众的固有观念和行为 (2)在争议不大且没有其他因素干扰的情况下,大众传媒只要重复传播内容,就能直接改变受众的行为 (3)大众传媒可以使受众改变其原有的立场 (4)可以提供信息引导人们的行为 (5)为受众提供行为规范,供他们选择

考查年份:2014 ~ 2015年。本考点在考试中考查较少,一般会出1道多选题。主要考查方向为:大众传媒的实际应用和大众传媒对人类行为的影响。

大众传媒对人的行为有积极和消极的影响。
①积极:提供信息帮助个人和群体了解情况、作出判断、满足要求或实现目标。
②消极:通过信息传递不恰当的价值观和行为模式,对受众进行误导。

母题精选

【多选题】某社会工作服务机构在一新建居民小区开展服务。社会工作者小李针对社区居民不太了解社会工作服务的情况,计划通过大众传媒宣传,促进居民对社会工作的认识。此时,小李的适当做法有(　　)。(真题)

A. 拜访社区居委会主任和各楼楼长

B. 到居民家中走访宣传项目

C. 为居民开办社会工作知识普及班

D. 通过短信平台宣传项目

E. 利用社区公益广告牌进行宣传

【答案】 DE

九、人类行为和社会环境的关系(掌握)

项　目	内　容
人类行为和社会环境的关系	(1)人们要适应社会环境 (2)社会环境影响个人行为。儿童和青少年的行为受当前社会环境的影响较大,而成年人受社会环境的影响相对较弱。研究表明,环境因素所导致的童年期创伤会影响个体健康人格的形成 (3)社会环境和生物遗传共同对人类行为产生影响 (4)人类行为能够改变社会环境。如个人创造的行为模式被广泛推行就可能被大众接受并形成一种普遍的行为模式 (5)人类行为与社会环境关系的非平衡性。人类行为与社会环境相互影响的力度并不是平衡的,社会环境对人类行为的影响要大一些

考查年份:2015 年、2018～2019 年。属于常考点,一般会考 1 道单选题或多选题。主要考查方向为:人类行为和社会环境的关系。

母题精选

【多选题】12 岁的小明是留守儿童,一直由爷爷奶奶抚养,他的父母在外打工,每年春节才回家几天,小明有时因想念父母而闷闷不乐。虽然成长环境不利,但小明能够正确面对,不仅学习成绩优异,还担任小队长,在老师带领下组织和他情况相似的小伙伴们为社区高龄老年人服务。在外担任工程队队长的爸爸得知情况后,自豪地说:"这孩子的领导能力超过我了啊!"上述内容体现出人类行为与社会环境的基本关系有(　　)。(真题)

A. 留守儿童虽然处于不利的社会环境,但激发其抗逆力可改善社会环境
B. 留守儿童虽然处于不利的社会环境,但是会逐渐适应社会环境
C. 留守儿童处于不利社会环境时,会受到社会环境影响
D. 留守儿童虽处于不利社会环境,但完全不会受其影响
E. 社会环境和生物遗传会共同对留守儿童产生影响

【答案】 BCE

第三节　人生发展阶段

一、第一阶段——婴幼儿阶段(掌握)

项　目	内　容
主要特征	(1)生理特征 ①身高、体重和大脑的发育迅速。新生儿大脑重量只有成人的25%,2 岁则会达到75% ②动作发展最迅速。独立行走,用手操作物体 (2)心理特征 记忆以无意识记忆为主,在后期开始出现有意识记忆的萌芽,2 周岁左右形成符号思维能力。从直观行动思维转向具体形象思维 ①1 岁左右时,孩子可能出现害羞、骄傲和负罪感等情绪。儿童情绪社会化的重要标志是母婴依恋的形成 ②2 岁左右,孩子的口语词句迅速增加 (3)社会特征 ①社会化发展的 3 个阶段:单纯社会化反应阶段(出生至 6 个月);社会性感情连接建立阶段(7 个月～2 岁),伙伴关系的发展阶段(2～3 岁)

考查年份:2013 年、2018～2019 年。属于常考点,一般会出 1 题单选题或多选题。主要考查方向为:婴儿阶段的主要特征和母婴依恋。

续上表

项　目	内　容
主要特征	②自我意识产生的3个阶段:游戏伙伴阶段;退缩阶段;自我意识的出现阶段 依恋:拥有安全型依恋——更多的探索行为
面临的主要问题	(1)问题:哺乳问题;母爱剥夺;弃婴问题 (2)预防弃婴问题措施 ①要进一步健全和完善相关的法律法规 ②完善弃婴救助制度 ③建立困难家庭医疗救助体系 ④积极发挥慈善部门、基金会和其他民办机构的作用,开展多种形式的专项救助 ⑤开展宣传工作,利用媒体进行相关报道,提升社会对于弃婴这一社会极弱群体的关注程度

二、第二阶段——学龄前阶段(熟悉)

考查年份:2013年、2015年。本考点在考试中偶尔会出1道题,多以多选题的形式出现。主要考查方向为:学龄前阶段的主要特征。

项　目	内　容
主要特征	(1)生理特征 3~6岁大肌肉发展逐渐成熟,小肌肉与手眼逐渐协调(获得了胜任感和独立感);6~7岁脑重量接近成年人水平 (2)心理特征 ①语言方面:口语表达能力增强,开始形成内部语言并掌握书面语言 ②认知方面:思维能力开始独立,能离开感知与动作进行思维 (3)社会特征 ①从以自我为中心,发展到学会区分他人与自我 ②自我意识得到发展(自我评价、自我体验、自我控制) ③建立了性别角色判断的标准,形成了对性别角色的偏爱 ④开始了道德的发展,社会交往范围变大
面临的主要问题	(1)问题:挑食偏食;攻击行为;电视依赖;自闭症 (2)自闭症解决措施 ①开展自闭症幼儿成长小组 ②对家长提供情绪疏导和心理支持服务 ③为自闭症患者争取社会福利和社会保障

母题精选

【多选题】根据人生各阶段发展的主要特征,6~7岁儿童的发展特点有(　　)。(真题)

A. 语言能力以表达机能为中心　　B. 开始产生自我意识

C. 建立了性别角色判断的标准　　D. 开始了道德的发展

E. 脑重量已接近成年人的水平

【答案】CDE

三、第三阶段——学龄阶段(重点掌握)

项目	内容
主要特征	(1)生理特征。即掌握了完整的动作,并且动作的熟练程度和协调程度日益提高;身体系统进一步发展 (2)心理特征。即口头语言、书面语言和内部语言得到发展;注意力的稳定性逐渐增强,范围逐渐扩大,分配能力逐渐提高,转移能力逐渐增强 (3)社会特征。即逐步形成了自己的道德意识,能够以他人的立场来考虑问题,实事求是地评价他人
面临的主要问题	(1)儿童意外伤害。即突然发生的各种事件或事故对儿童所造成的损伤。一般通过对儿童和家长进行安全教育以及针对学校和社区开展工作来解决 (2)校园欺负。即在学校内发生的儿童间的暴力、攻击行为。社会工作者的解决措施如下 ①针对学校进行干预工作 ②针对受欺负者、欺负者和旁观者开展的个体干预,应对欺负的原因、特点和后果进行评估与诊断,制定可行的干预方案 ③针对家庭开展干预工作 (3)儿童性伤害。即是指以性刺激、性满足为目的,对不满 18 周岁的儿童进行性接触的违法犯罪行为,以及引诱、强迫儿童从事性活动的违法犯罪行为。社会工作者的解决措施如下 ①推动相关法律制度的完善,不断健全儿童保护体系 ②开展社会教育,提高防范意识 ③对受侵犯儿童及家庭开展系统干预

考查年份:2015～2018 年。本考点在近年考试中出现较多,基本属于必考点,一般会出 1 道单选题或多选题。主要考查方向为:学龄阶段儿童的特征和面临的问题。

母题精选

【单选题】学校社会工作者小李为小学生提供小组服务,针对煤气使用、交通出行、游泳等日常生活中的安全隐患进行教育,提高学生的安全意识。从学龄儿童的特点看,该小组的主要目的是(　　)。(真题)

A. 防范校园暴力问题　　B. 避免儿童性侵问题

C. 减少儿童功利问题　　D. 预防儿童意外伤害

【答案】 D

【单选题】学校社会工作者小王发现他所服务的小学里有高年级学生向低年级学生索要财物的现象。针对这一问题,小王制定了干预方案,其中属于针对学校进行的干预措施是(　　)。

A. 纠正欺负者的攻击行为

B. 帮助学生家长改正错误的教养方式

C. 提升受欺负儿童的自信心和社交技能

D. 指导教师在班级内开展"反欺负行为"班会

【答案】 D

四、第四阶段——青少年阶段（掌握）

> 考查年份：2012 年、2016 年、2019 年。属于常考点，一般会出 1 道单选题。主要考查方向为：青少年阶段的特征、面临的问题及应对措施。

项　目	内　容
主要特征	(1)生理特征。具备生育能力，生殖系统和第二性征基本发育成熟 (2)心理特征 ①抽象逻辑思维是通过假设的、形式的和反省的思维 ②逻辑思维处于由经验型向理论型过渡的阶段。青少年的情绪发展比较丰富和强烈，出现两极发展特征 (3)社会特征。核心任务是自我意识、道德观和社会交往的进一步发展
面临的主要问题	(1)网络成瘾。社会工作者的干预措施主要有预防与治疗 (2)青少年犯罪。解决措施如下 ①开展宣传，预防青少年犯罪的发展 ②针对青少年罪犯，提供社区矫正服务，帮助他们重新回归社会 (3)青少年性行为。社会工作者干预措施：提供性教育；帮助青少年树立正确的性观念和感情观

五、第五阶段——青年阶段（了解）

> 本考点从 2012 年开始就没再考过，考生稍加了解即可。

项　目	内　容
主要特征	(1)生理特征。成熟稳定的状态，是人的生理特征的"黄金时期" (2)心理特征。青年人感知、记忆、想象能力均达到成熟水平，并且进入人生最佳时期；青年人的认知发展表现为能力发展 (3)社会特征。更为成熟，主要表现在人生观、友谊和爱情、心理适应3 个方面的发展
面临的主要问题	(1)婚恋问题。主要表现为闪婚、闪离。社工可以做的工作如下 ①对青年进行婚恋观的教育和引导 ②为青年提供婚恋育儿的咨询和辅导 (2)性别歧视。社工可以做的工作如下 ①在宏观方面，要不断完善法律法规，建立平等就业机制 ②要加强宣传，加大对男女平等基本国策和法律保障的宣传力度 ③在微观层面，为女性开设自强小组，帮助女性认识到性别歧视的社会原因，增强自身的就业能力 (3)就业问题。社工可以做的工作如下 ①帮助青年提高自身的就业能力 ②推动政府不断完善就业的服务体系 ③帮助在就业中受挫的青年宣泄负面情绪

六、第六阶段——中年阶段(掌握)

项　目	内　容
主要特征	(1)生理特征。各种生理机能发生不断变化的时期;经历更年期(女性50岁左右,男性更晚些) (2)心理特征。认知发展错综复杂;固定智力继续上升,流动智力缓慢下降;智力技巧保持相对稳定,实用智力不断增长 (3)社会特征。事业、财富、地位达到人生的巅峰状态 ①情感趋于深沉稳定,性格完全定型,意志成熟坚毅,情感控制能力加强,道德感和理智感上升 ②婚姻中责任感超越情感,婚姻更加务实 ③处于事业成败的关键期
面临的主要问题	(1)早衰综合征。解决措施如下 ①在社区层面。动员社区的力量,坚持为中年人,尤其是中年知识分子每年至少进行一次全身检查 ②运用小组工作方法,为中年人组建各种运动小组,增强中年人坚持运动的兴趣 ③帮助中年人调节情绪,保持良好心态 (2)更年期综合征。解决措施如下 ①在生理层面。普及更年期健康知识,协调、整合社会资源为服务对象服务 ②在心理层面。运用个案工作或小组工作的方法与技术对更年期女性的紧张、焦虑和恐惧等消极情绪进行疏导 ③在社会层面。社会工作者可以通过整合社会力量帮助中年人解决社会生活中的难题,为他们营造一个舒心的工作生活环境,保持积极健康的心态 (3)婚外恋。解决措施如下 ①对于有婚姻困扰的中年人,社会工作者要引导中年人重新审视婚姻 ②对于那些已经卷入婚外恋的中年人,社会工作者可用个案工作的方法进行一对一的真诚帮助 (4)家庭暴力。解决措施如下 ①个别辅导。协助家庭解决家庭暴力问题,调适家庭关系,并改善家庭成员间的沟通能力,维护家庭的和谐与稳定 ②小组辅导。将施暴者组成治疗小组,受害者组成支持小组,在共同的小组目标和小组活动下,帮助小组成员找到制止家庭暴力的途径和方法 ③在社区层面。组织和发动居民关注本社区的家庭暴力问题,提高居民的反家庭暴力的意识;提高社会成员对家庭暴力的认知度和应对能力;建立家庭暴力庇护中心,为受家庭暴力伤害的妇女提供庇护服务

考查年份:2012年、2014年、2016年、2019年。属于常考点,一般会考1道单选题或多选题,其中,多选题考查概率更大。主要考查方向为:中年阶段的特征。

中年阶段是婚外恋的高发期。

母题精选

【多选题】50岁的高先生是某企业高管，不仅经常加班加点，下班后还要喝酒应酬，导致血脂血压都不正常。最近，高先生与妻子因女儿的教育问题发生激烈争执，妻子指责他对自己和家庭不负责任，要跟他离婚。上述情况反映出高先生目前面临的主要问题有（　　）。（真题）

A. 更年期综合征　　B. 婚姻危机

C. 家庭经济负担重　　D. 工作压力大

E. 生活习惯不良

【答案】BDE

七、第七阶段——老年阶段（熟悉）

考查年份：2013年。本考点在考试中考查较少。主要考查方向为：老年阶段面临的问题及应对措施。

项　目	内　容
主要特征	（1）生理特征。个体的各项生理功能都发生较大退化，如毛发脱落、脊柱弯曲、骨质疏松、记忆力下降等 （2）心理特征。思维呈衰退趋势，但又具有较大的平衡性；与知识、文化、经济相联系的思维衰退慢，仍有创造性思维；70、80岁以后智力衰退明显 （3）社会特征。角色的变化会使老年人产生失落感，从而导致社会地位下降
面临的主要问题	（1）失智和失能 ①老年人失智是一种渐进性认知功能退化，且此退化的幅度远高于正常老化的进展 ②老年人失能是指因老年人日常生活操作能力和日常生活能力减弱，不能很好地保持自我照顾的能力，而需要由其他人协助完成的情况 干预措施：以预防为主，主要从增强心理素质、加强体育锻炼、注意饮食健康等几个方面进行预防。对于已经出现失智和失能问题的老年人要联系有关的机构，为其提供日常生活照顾服务 （2）精神健康，即老年人孤独、抑郁问题。干预措施如下 ①平时多给老年人关心和情感支持，改变不合理的认知方式，培养积极乐观的情绪 ②专门针对老年人开展缅怀往事疗法和人生回顾疗法 ③建立老年人自杀危险因素的评估体系和老年人自杀的危机干预机制 （3）死亡问题。干预措施如下 ①丧偶与哀伤辅导。指协助老年人在面临悲伤事件时，能够在合理的时间内处理悲伤情绪，增进重新开始正常生活的能力 ②帮助老年人形成对死亡的理性认识，积极应对死亡 ③为老年人提供临终关怀服务。对生命临终病人及其家属进行的生活护理、心理安慰及社会服务等全方位的缓解性、支持性关怀照顾

续上表

项　目	内　容
面临的主要问题	(4)老年歧视和被虐待。干预措施如下 ①改变当下流行的评判人的标准,倡导尊重老年人的特殊性和特殊价值 ②要给予老年人公平的发展机会和继续参与社会的权利,更多满足老年人的心理和精神需求 ③营造良好的社会氛围,在全社会树立尊老爱老、关心老人、服务老人的风气,给老年人创造身心愉悦的社会环境,实现老有所为、老有所学、老有所乐 ④帮助老年人培养积极健康的心态,适时调整角色行为,积极适应各方面的变化

母题精选

【多选题】陈大爷退休之后,感觉无所事事,整天在家看电视,与旧同事的联络也很少。最近发现视力下降后,陈大爷更少出门,只是到附近的菜市场购买食物和日用品。根据社会心理学理论,陈大爷面对的主要挑战包括(　　)。

A. 无用感　　B. 人际关系退化

C. 自我整合　　D. 生活意义下降

E. 认知能力下降

【答案】 ABE

【单选题】老杨自从前年退休后一直很不习惯,社会活动减少,后来发展成经常为小事与妻子争吵,两人关系越来越紧张。社会工作者小王家访时,老杨吐露了自己的苦闷。针对老杨的情况,小王制订了服务方案。根据老年发展阶段特征,小王最宜提供的服务是(　　)。

A. 引导老杨参与社区活动　　B. 引导老杨改变个人性格

C. 协助老杨处理负面情绪　　D. 协助老杨增强独立意识

【答案】 A

章节练习

手机微信扫描【章节练习】旁边的二维码或电脑浏览器打开 https://shegong.ek100.cn/即可进入智能题库进行章节练习。

第四章 个案工作方法

• 本章应试分析

社会工作方法包括3大专业方法:个案工作方法、小组工作方法和社区工作方法。第4、5、6章由点及面分别介绍了工作方法。个案工作方法主要介绍针对单个服务对象的具体工作方法。本章在考试中属于重点章节,每年涉及的分值约14分,通常是8道单选题和3道多选题,需要考生多加关注。

本章最重要的考点是个案工作的模式和技巧,比较难的地方是个案会谈中的3大技巧,在历年考试中都属于难点,考生在学习的时候,要理解不同技巧之间的差异,并善于灵活运用。

• 思维导图

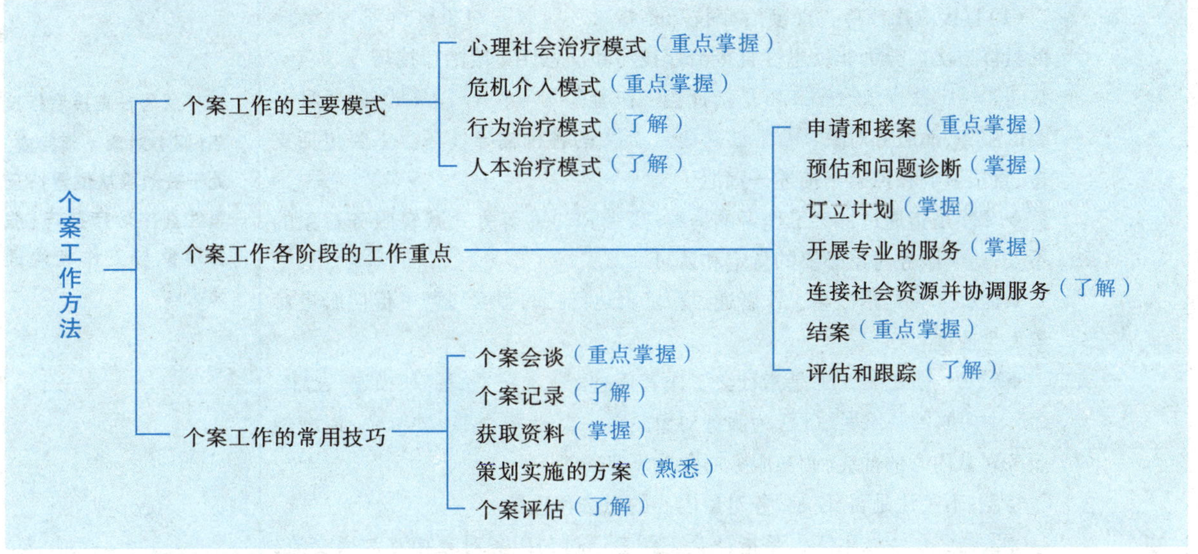

• 名师同步精讲

第一节 个案工作的主要模式

一、心理社会治疗模式(重点掌握)

项 目	内 容
概念	心理社会治疗模式将个人与环境之间的关系概括为"人在情境中",要求社会工作者既需要深入个人的内心,了解他的感受、想法和需求,还需要仔细观察周围环境对他的影响,分析个人适应环境的具体过程

名师指导

考查年份:2012~2019年。属于必考点,每年一般会出1~2道题,以单选题为主。主要考查方向为:理论假设、治疗技巧、特点以及综合诊断方式。

续上表

项 目	内 容
理论假设	(1)对人的成长发展的假设。人在情境中,即人生活在特定的社会环境中,个人的成长和发展会受到生理、心理和社会3个方面因素的影响 (2)对服务对象问题的假设。服务对象问题产生的原因:不良的现实生活环境;不成熟或者有缺陷的自我和超我功能;过分严厉的自我防卫机制和超我功能 (3)对人际沟通的假设。重视人际沟通交流的状况,它是保证个人与个人之间进行有效沟通交流的基础,也是形成个人健康人格的重要条件 (4)对人的价值的假设。每个人都是有价值的,即使是暂时面临困扰的服务对象,也具有自身待开发的潜能。心理社会治疗模式的目标就是帮助服务对象发掘自己的潜在能力,促进自身健康地成长
治疗技巧	(1)直接治疗技巧。直接治疗技巧是指直接对服务对象进行辅导、治疗的具体方法。分为非反思性直接治疗技巧和反思性直接治疗技巧 ①非反思性直接治疗技巧是指社会工作者直接向服务对象提供的各种必要的服务,而服务对象只处于被动服从位置的各种辅导技巧。主要包括支持、直接影响和探索—描述—宣泄 ◆支持是指通过社会工作者的了解、接纳和同感等方式减轻服务对象的不安,给予服务对象必要的肯定和认可 ◆直接影响是指社会工作者通过直接表达自己的态度和意见促使服务对象发生改变 ◆探索—描述—宣泄是指社会工作者通过让服务对象解释和描述自己困扰产生的原因和发展过程,为服务对象提供必要的情绪宣泄的机会,以减轻服务对象内心的冲突,调整服务对象的不良行为 特点:不关注是否反映服务对象内心的想法和感受 ②反思性直接治疗技巧是指社会工作者通过与服务对象相互沟通交流,引导服务对象正确分析和理解自己问题的各种具体技巧。主要包括现实情况反思、心理动力反思和人格发展反思 ◆现实情况反思是指社会工作者帮助服务对象对自己所处的实际状况作出正确的理解和分析的技巧 ◆心理动力反思是指社会工作者协助服务对象正确了解和分析自己内心的反应方式的技巧 ◆人格发展反思是指社会工作者帮助服务对象重新认识和评价自己的以往经历、调整自己人格的技巧 (2)间接治疗技巧。间接治疗技巧是指通过辅导第三者或者改善环境间接影响服务对象的具体方法。主要包括维持、直接影响、探索—描述—宣泄和现实反思。这4种间接辅导技巧的服务对象包括服务对象的父母、朋友、同事、亲属、邻里和社区管理人员等

非反思性直接治疗技巧(服务对象无须回应,处于被动服从位置);反思性直接治疗技巧(服务对象与工作者沟通交流)。

续上表

项　目	内　容
特点	(1)研究阶段:注重从人际交往的场景中了解服务对象 (2)诊断阶段:运用综合诊断方式确定服务对象问题的原因 综合诊断方式包括心理动态诊断、缘由诊断和分类诊断 ①心理动态诊断是对服务对象的人格的各部分之间的互动关系进行评估。如意识与无意识之间的关系,就是心理动态诊断的重要内容 ②缘由诊断是对服务对象困扰产生、变化的过程进行分析。例如,服务对象的困扰是什么时候产生的、有什么重要的影响事件、在服务对象的成长过程中有什么样的变化等,是对服务对象个人历史的考察 ③分类诊断是对服务对象问题的生理、心理和社会 3 个方面的影响因素作出判断 (3)治疗阶段:采用多层面的服务介入方式帮助服务对象 服务介入分为 5 个层面:减轻服务对象的不安;减轻服务对象系统功能的失调;增强服务对象的适应能力;开发服务对象的潜在能力;改善服务对象的人际交往关系

母题精选

【单选题】心理社会治疗模式注重“人在情境中”的理念,为了促进服务对象社会心理正常发展,社会工作者在服务过程中应重视服务对象(　　)。(真题)

A. 与环境的适应　　B. 自我的发展

C. 以往的生活经验　　D. 人生理想的确定

【答案】 A

【单选题】小强近期迷恋手机游戏,无心学习。班主任向社会工作者小张求助。与小强交谈几次后,小张对影响其行为的生理、心理、社会因素作出了专业分析和判断。根据上述情况,小张运用的诊断方式是(　　)。(真题)

A. 缘由诊断　　B. 临床诊断　　C. 分类诊断　　D. 心理动态诊断

【答案】 C

【单选题】小文最近经常迟到、逃学。学校社会工作者小翁联系了小文的父母。了解到他们正在闹离婚,提醒他们注意可能对小文造成的负面影响,建议他们尽量多关心小文。这里小翁运用的是心理社会治疗模式的(　　)技巧。(真题)

A. 直接影响　　B. 人格发展反思　　C. 间接治疗　　D. 资源链接

【答案】 C

【单选题】社会工作者小刘与服务对象李女士初步接触后,运用心理社会治疗模式对李女士问题的原因进行诊断,对其困扰产生的时间、重要影响事件及个人成长经历等方面进行了探索。上述小刘的工作内容属于(　　)。(真题)

A. 心理动态诊断　　B. 人格诊断　　C. 分类诊断　　D. 缘由诊断

【答案】 D

【多选题】初中生小惠的父母平时工作忙，对其关心较少。进入青春期后，小惠变得上课不能集中注意力，缺课较多，经常与老师发生矛盾。小惠的父母知道情况后，向社会工作者求助。根据小惠的情况，社会工作者拟用心理社会治疗模式对其进行干预。下列方法中，属于直接治疗的有(　　)。

A. 帮助小惠学习放松技巧以控制情绪波动

B. 与学校班主任和教导主任商讨对小惠行为问题的处理方法

C. 帮助小惠回顾过去的经验，增强她面对和克服困难的勇气

D. 帮助小惠的父母检讨管教小惠的方法，帮助他们了解青少年的心理

E. 帮助小惠了解个人与环境之间的互动关系，增进小惠对问题的认识

【答案】 ACE

二、危机介入模式(重点掌握)

考查年份：2012～2019年。属于必考点，每年一般会出现1～2道题。主要考查方向为：根据案例分析危机介入的原则。

项　目	内　容
危机	(1)危机的定义。危机是指一个人的正常生活受到意外危险事件的破坏而产生的身心混乱的状态。危机介入模式就是针对服务对象的危机状态而开展的调适和治疗的工作方法 (2)危机的类型。分为两类：普通生活经历的危机(每个人在成长过程中必然遭遇的困难)和特殊生活经历的危机(特殊人群遭遇的困难) (3)成为危机的条件包括：①阻碍服务对象重要目标的实现；②超出服务对象现有的能力；③导致服务对象出现心理失衡 (4)危机发展的4个阶段(危机、解组、恢复、重组) ①危机发生。危机事件出现，服务对象的生活压力剧增，服务对象开始运用习惯的问题解决机制解决面临的生活困难 ②解组阶段。服务对象处于极度的情绪困扰中，认知和问题解决的能力下降，平衡生活被打乱 ③恢复阶段。服务对象开始调整自己的行为方式，寻找适应危机环境的新的解决方法 ④重组阶段。服务对象重新拾回自信，恢复新的平衡生活
危机介入的基本原则	(1)及时处理。及时接案和处理，抓住有利的、可改变的时机，尽量减少对服务对象及其周围他人的伤害 (2)限定目标。把精力集中在目前有限的目标上 (3)输入希望。给服务对象输入新的希望，让服务对象重新找回动力 (4)提供支持。充分利用服务对象拥有的其他资源(如父母亲的关心、朋友的支持等)，为服务对象提供支持，同时培养服务对象的自主能力 (5)恢复自尊。了解服务对象的看法，帮助其恢复自信 (6)培养自主能力。增强自主面对和克服危机能力

危机的特征是即时和紧急。

危机发展的4个阶段亦可理解为：危机发生→危机应对(解组阶段)→解决危机(恢复阶段)→恢复期(重组阶段)。

危机介入的基本原则在历年考试中都属于高频考核点，多为单选题。

续上表

项　目	内　容
危机介入的策略	(1)危机中无助感受的处理 (2)外部社会资源的挖掘 (3)服务对象应对危机能力的提升
危机介入模式的特点	(1)迅速了解服务对象的主要问题 (2)快速作出危险性判断 (3)有效稳定服务对象的情绪 (4)积极协助服务对象解决当前问题

母题精选

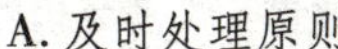

【单选题】当服务对象面临危机时,社会工作者需要采取行动帮助服务对象将伤害尽可能降到最低。这时,社会工作者应遵循的主要原则是(　　)。(真题)

A. 现实反思　　B. 及时处理

C. 强调关系　　D. 多方协调

【答案】B

【单选题】小丽最近刚刚离婚,她不能接受婚姻失败的现实,将自己关在家中,其正常生活受到了严重影响。为此,她感到十分绝望但又无能为力。根据危机介入理论,小丽正处于危机发展的(　　)。(真题)

A. 解组阶段　　B. 危机阶段

C. 恢复阶段　　D. 重组阶段

【答案】A

【单选题】得知父母已经离婚的消息后,小明难以接受这样的事实,做出了自残身体等高风险行为。社会工作者小张经过评估后,对小明说:"虽然你现在还难以接受爸爸妈妈离婚的现实,但我相信你是有能力自己走出来的……"小张的上述说法突出体现了危机干预的(　　)。(真题)

A. 及时处理原则　　B. 限定目标原则

C. 重构目标原则　　D. 输入希望原则

【答案】D

三、行为治疗模式(了解)

本考点从2012年开始就没再考过,考生稍加了解即可。

项　目	内　容
三种学习理论	(1)经典条件作用理论。即有关在刺激与无条件反射之间加入中性刺激建立条件反射的理论 (2)操作性条件作用理论。即有机体采取某种行为之后,就会使周围环境发生某种改变,环境改变的状况又会反过来影响有机体,促使有机体调节自己的行为。有关操作性条件作用机制建立的理论就是操作性条件作用理论

续上表

项　目	内　容
三种学习理论	(3)社会学习理论。观察学习是学习的一种重要方式,尤其人类的学习,很多需要借助示范、观察和模仿 这3种学习理论都强调:以行为作为理论研究的中心,探讨行为习得改变的规律;以学习作为核心,研究行为学习的具体机制和条件;注重外部环境在行为习得中的作用
治疗技术	(1)放松练习。服务对象通过身体的放松,舒缓生理和心理的紧张 (2)系统脱敏。服务对象对某物或者某事感到害怕、恐惧 (3)满灌疗法。从服务对象最害怕的开始,让服务对象处于最严重的紧张中 (4)厌恶疗法。让服务对象的不适应行为与某种厌恶性反应建立联系 (5)模仿。榜样的示范和模仿练习
行为治疗模式的特点	(1)注重服务对象行为评估 (2)关注服务对象行为修正 (3)侧重修正行为效果的评估

母题精选

【单选题】小李自小就非常害怕与陌生人接触,社会工作者为了治疗他的心理障碍,将其带到文化广场,让他主动与陌生人打招呼。这种治疗方法属于行为治疗模式中的(　　)治疗技术。

A. 厌恶疗法　　B. 放松练习

C. 系统脱敏　　D. 满灌疗法

【答案】 D

四、人本治疗模式(了解)

本考点从2012年开始就没再考过,考生稍加了解即可。

项　目	内　容
理论假设	人本治疗模式以人本主义心理学为基础,其理论假设涉及对人性的基本看法以及自我概念、心理适应不良和心理适应失调等重要的基本概念
治疗策略	创造一种有利的辅导环境让服务对象接近自己的真实需要,变成一个能够充分发挥自己潜在能力的人
人本治疗模式的特点	(1)注重社会工作者自身的品格和态度 (2)强调个案辅导关系 (3)关注个案辅导过程

第二节 个案工作各阶段的工作重点

一、申请和接案(重点掌握)

项目	内容
求助者的服务申请	(1)社会工作者的工作:①了解求助者的愿望,倾听诉求,对求助者的问题进行简要评估,确定是否需要立即给予必要帮助;②符合接案条件的,则提醒求助对象提出正式的服务申请 (2)服务申请方式:①书面的(如填写机构的服务申请单);②口头的(如向社会工作者提出服务申请,由社会工作者填写,或者社会工作者向求助对象口头确认服务申请的需要)
接案	(1)接案是指对于那些有需要立即寻求帮助并且正式提出服务申请的求助对象,社会工作者给予及时、必需的鼓励,增强求助对象的改变动力和信心,促使其成为能够获得机构有效服务的服务对象,并纳入机构的服务计划中 (2)社会工作者的工作:①鼓励求助对象积极面对改变;②明确求助对象的改变要求;③确认求助对象的受助身份
建立专业关系	(1)社会工作者的工作。社会工作者在与服务对象的初次沟通协商过程中需要注意以下几点 ①应专注聆听服务对象的困扰。当服务对象提出的要求不切实际时,应该做好沟通协商工作,帮助其明确需要改变的内容 ②注意运用简洁明了的语句表达自己的同理和接纳 ③避免将求助对象界定为有问题的人 ④要充分尊重求助对象自己的意见,让求助对象自己决定是否接受机构的专业服务 (2)意义:专业关系建立的成功与否直接影响服务对象进一步寻求服务机构帮助的动力和信心
转介	(1)社会工作者的工作:①为那些立即需要帮助而本机构或者社会工作者无法给予及时必要帮助的服务对象提供转介服务;②在转介之前需要征得服务对象的同意,并说明转介的理由 (2)符合转介的两种情况:①服务对象需要解决的问题不属于本机构的服务范围;②服务对象生活在本机构的服务区域之外

考查年份:2012 ~ 2017 年、2019 年。基本属于必考点,一般会出 1 ~2 道题,通常是 1 道单选题和 1 道多选题。主要考查方向为:①服务对象问题的评估,专业关系的建立;②转介。

在正式接案前,只有"求助者、求助对象";正式接案,确认提供服务后,才是"服务对象"。

转介之前需要征得服务对象的同意,并说明转介的理由。

母题精选

【单选题】张大妈最近被医院确认患上了阿尔茨海默病,当获悉所在社区有针对该类患者的社会工作专业服务后,她的老伴张大爷来向社会工作者小李求助。在讲述了张大妈的情况后,小李对张大爷说:"您说的情况我都清楚了,先填个表吧。"根据上述情境,此时处于个案工作阶段中的(　　)。(真题)

A. 申请接案　　B. 问题诊断　　C. 制订计划　　D. 开展服务

【答案】 A

【多选题】关于个案工作中转介的说法，正确的有(　　)。(真题)

A. 个案转介需要办理必要手续

B. 个案转介只发生在与服务对象开始接触时

C. 当服务对象生活在本机构的服务区域之外时，可以转介

D. 在个案转介之前要征得服务对象的同意，并说明转介理由

E. 当服务对象的价值观与本机构工作人员价值观相悖时，应当转介

【答案】 ACD

【多选题】关于个案工作中专业关系建立的正确说法有(　　)。(真题)

A. 社会工作者对服务对象要多支持和鼓励

B. 社会工作者应该接纳服务对象的不同观点

C. 个案服务中的专业关系若不能建立，专业社会工作服务则很难继续

D. 个案服务对象寻求帮助的动力和信心建立在良好的专业关系基础上

E. 个案工作专业关系的建立完全取决于服务对象的配合

【答案】 ACD

【多选题】因妻子突发疾病去世，张先生半年来一直处于极度悲伤状态，经常吃不下饭，睡不着觉，表现出迷茫和不安，无法正常生活和工作。社会工作者小王得知张先生的情况后，决定为他提供服务。此时，小王的正确做法有(　　)。(真题)

A. 安抚张先生的情绪

B. 协助张先生解决失眠等问题

C. 协助张先生处理妻子后事

D. 了解张先生面临的主要问题

E. 评估张先生状态的危急程度

【答案】 ADE

【多选题】社会工作者小王与前来求助的小丽进行第一次面谈。小王需要(　　)。

A. 了解小丽的求助愿望和要求

B. 深入分析小丽的问题

C. 初步评估小丽的问题

D. 与服务对象建立专业合作关系

E. 制订服务介入计划

【答案】 ACD

二、预估和问题诊断(掌握)

考查年份：2014 年、2016 年、2018 年。属于常考点。主要考查方向为：对预估和问题诊断的含义、工作的理解和应用。

项　目	内　容
概述	(1)预估和问题诊断是指详细收集与服务对象问题有关的资料，并对服务对象问题的成因和发展变化过程进行评估，从而对服务对象的问题作出诊断的过程 (2)主要工作包括：服务对象有关资料的收集、服务对象问题的预估以及服务对象问题的诊断
收集与服务对象有关的资料	(1)个人资料。包括服务对象生理、心理和社会方面的情况 (2)环境资料。包括服务对象所处的家庭、同辈群体、社区以及学习和工作环境等情况 (3)个人与周围环境之间的互动情况，如周围环境给个人提供的机会和条件以及个人运用周围环境资源的状况

续上表

项　目	内　容
预估服务对象的问题	(1)分析服务对象的问题是什么 (2)服务对象问题产生的原因 (3)服务对象曾经作出的努力
诊断服务对象的问题	诊断的内容包括4个方面:①服务对象问题的主要表现;②服务对象问题的成因;③服务对象的能力和环境拥有的资源;④实施干预的建议

母题精选

【单选题】李大爷与邻居关系紧张,为此,他感到烦恼。一次与邻居吵架后,李大爷向社会工作者小张求助,小张热情接待了李大爷,并听他讲述了事情发展的整个过程。接下来,小张首先要做的是(　　)。(真题)

A. 对其问题进行预估　　B. 对其提供资源信息

C. 对其制定干预目标　　D. 与其签订服务协议

【答案】A

三、订立计划(掌握)

考查年份:2012～2013年、2017年、2019年。属于常考点。主要考查方向为:服务计划的要求和服务协议的签订。

项　目	内　容
制订服务计划	(1)服务计划的基本内容 ①服务对象的基本情况,包括服务对象的姓名、性别、年龄、婚姻状况及职业等情况 ②服务对象希望解决的问题,包括主要问题以及其他一些相关的问题 ③理论的依据,包括依据的主要理论、它的基本原理和重要概念 ④服务计划的目标,包括总目标和每一阶段的子目标 ⑤服务开展的基本阶段和采取的主要方法,包括各阶段需要解决的问题、采用的主要方法、预计达到的成效以及发掘和运用的资源 ⑥服务开展的期限,包括每一次和每一阶段的时间安排以及总的时间期限 ⑦联系方式,包括直接见面和不直接见面的联系方式 (2)社会工作者为制订一个完备的服务计划需要做到以下五点 ①准确分析服务对象的需要和问题 ②明确服务工作的目标、阶段和方法 ③熟悉服务机构提供的具体服务 ④清晰认识社会工作者具备的能力 ⑤了解服务对象拥有的资源

续上表

项 目	内 容
安排服务面谈内与服务面谈外的工作	社会工作者在安排服务面谈内和服务面谈外的任务时,涉及4个方面的主要工作 (1)在每次服务面谈的结束之后,给服务对象设计和布置行动任务作为服务面谈外的任务 (2)在每次服务面谈的开始阶段,安排一定的时间用于回顾和总结服务对象前一次行动任务完成的情况 (3)在每一次服务的面谈中,针对服务对象行动任务的完成情况给予面对面的指导 (4)在每次服务面谈的结束之前,让服务对象了解下一次行动任务的要求和要点
签订服务协议	(1)为了明确双方的责任和义务以及增强服务对象改变的动力,社会工作者在制订好了服务计划之后,还需要与服务对象签订服务协议。协议不仅是服务对象获得合适服务的规范化的保障,同时也是社工敦促服务对象参与服务过程与社工积极配合的必要保证 (2)服务协议可以是书面的,也可以是口头的。它通常包括5个方面的基本内容:①服务目标;②服务的内容和采用的方法;③服务双方应有的权利和义务;④服务的地点、时间、期限和次数;⑤服务双方的签字

在实际个案工作中,通常会采用口头的工作协议方式。

母 题 精 选

【多选题】在个案服务中,社会工作者在收集完资料并对服务对象的问题进行评估之后,与服务对象一起制订计划。为了保证计划的完备,社会工作者应做到(　　)。(真题)

A. 说明需要转介的情况　　B. 准确分析服务对象的需要

C. 明确服务工作的目标、阶段和方法　　D. 签订书面协议

E. 了解服务对象拥有的资源

【答案】 BCE

四、开展专业的服务(掌握)

考查年份:2015～2016年、2019年。属于常考点,一般会考1道单选题或多选题。通常会给出一个案例,让考生分析在案例中社会工作者所扮演的专业角色。考生需要掌握不同专业角色的功能,并且要善于运用分析。主要考查方向为:社会工作者所扮演的专业角色。

项 目	内 容
服务的推进	服务的推进是指社会工作者根据服务计划的安排运用专业的服务技巧,逐步推动服务对象发生积极改变的过程。社会工作者应遵守以下几项原则:①从能做的开始;②从愿意合作的着手;③采取综合的服务策略
扮演的专业角色	(1)使能者。社会工作者运用自身拥有的专业知识和技巧调动服务对象自身的能力和资源,发挥服务对象的潜在能力,促使服务对象发生有效改变

续上表

项　目	内　容
扮演的专业角色	(2)联系人。社会工作者帮助服务对象与拥有资源的服务机构联系，保证服务对象能够获得合适的服务，特别是那些面临多重生活困扰或者需要转介的服务对象 (3)教育者。社会工作者指导服务对象学习处理问题的新知识、新方法，调整原来的行为方式 (4)倡导者。社会工作者利用自己的身份和权利，倡议机构实行必要的改革，为缺乏资源的服务对象争取更合理的服务，或者动员服务对象一起争取一些合理的资源和服务 (5)治疗者。社会工作者运用专业的方法和技巧消除或者减轻服务对象的困扰。治疗者的角色与使能者和教育者不同，使能者注重服务对象自身潜能的挖掘，教育者关注服务对象新知识和新技能的学习，而治疗者专注于服务对象问题的消除
维持专业合作关系	为了保持良好的专业合作关系，社会工作者在与服务对象的交往中需要做到：①接纳；②无条件关怀；③真诚

此处“接纳”不是要求社会工作者认同服务对象的观点或立场；而是面对服务对象提出的问题，社会工作者愿意理解服务对象，关心服务对象问题背后的发展要求。

母题精选

【单选题】在服务开展过程中，无论服务对象面临什么问题，社会工作者都愿意理解服务对象，关心服务对象问题背后的发展要求。这体现了社会工作者对服务对象的(　　)。(真题)

A. 接纳　　B. 鼓励　　C. 承认　　D. 认同

微信扫描【答案】A

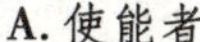

【多选题】社会工作者小徐在精准扶贫服务中，发现救助对象小李的文化程度较低，虽有手工编织的一技之长但是一直缺乏自信，精神状态不佳。经小李同意后，小徐为其提供个案管理服务，激发她自立自强的潜能，鼓励她通过手工编织进行创业，发动志愿者帮助销售产品，并动员她积极向当地政府部门争取就业资源。上述服务中，小徐扮演的角色有(　　)。(真题)

A. 使能者　　B. 联系人　　C. 治疗者

D. 教育者　　E. 倡导者

微信扫描【答案】ABE

【单选题】服务对象孙大爷手术后回家休养，行动不便，社会工作者小马协助他联络到社区食堂送餐，并安排社区志愿者老李陪同孙大爷就医。上述服务中，社会工作者小马扮演的角色是(　　)。(真题)

A. 使能者　　B. 联系人　　C. 倡导者　　D. 治疗者

微信扫描【答案】B

【单选题】老伴去世半年后，李奶奶仍难以走出失去老伴的悲痛，经常自责，情绪十分低落。鉴于李奶奶目前的状态，社会工作者对李奶奶进行了哀伤辅导。在上述服务中，社会工作者扮演的角色主要是(　　)。

A. 治疗者　　B. 关系协调者　　C. 倡导者　　D. 资源筹措者

微信扫描【答案】A

五、连接社会资源并协调服务（了解）

> 本考点从2012年开始就没再考过，考生稍加了解即可。

项 目	内 容
社会资源	(1)非正式社会资源(体制外)。即由服务对象在非正式的社会交往中形成的社会资源 (2)正式社会资源(体制内)。即由正式的社会机构和社会组织提供的社会资源
连接社会资源的方式	(1)提供资源。即将那些现有的并且被社会工作者掌握的资源直接提供给服务对象 (2)发现资源。即帮助服务对象寻找和确定那些潜在的社会资源 (3)培育资源。即帮助服务对象培养和创造所需要的社会资源 (4)表达需求。即服务对象面对周围他人的误解和质疑时，社会工作者把服务对象的想法和要求解释给周围他人听，让周围他人对服务对象有更正确的了解 (5)协调利益。即服务对象面对周围他人的冲突时，社会工作者帮助服务对象与周围他人进行协商，为服务对象争取合理的利益 (6)保护权益。即服务对象面临周围他人的严重威胁时，社会工作者通过合法的程序帮助服务对象争取合法的权益
协调服务	(1)服务面谈内与服务面谈外的协调 (2)服务对象改变与周围他人改变的协调 (3)服务对象改变与社会工作者改变的协调

六、结案（重点掌握）

> 考查年份：2012～2018年。基本属于必考点，一般会考1道题，单选题和多选题都出过。结案的知识点在考试中均有考查，需要重点掌握。

项 目	内 容
可以结案的情形	(1)社会工作者与服务对象均认为工作目标已经达到 (2)虽然问题没有彻底解决，但服务对象有能力自行解决 (3)社会工作者与服务对象的专业关系不和谐，希望结束服务 (4)服务对象出现了新的要求和问题，需要其他社会工作者或者服务机构解决 (5)出现不可预测的因素，需要结束服务 对于后3种情况，社会工作者不仅需要结束服务，同时还需要与其他服务机构或者社会工作者联系，帮助服务对象获得合适、必要的服务
结案处置工作	(1)预先告知，让服务对象对服务结束做好准备 (2)巩固服务对象在已经开展的服务工作中获得的改变和进步 (3)与服务对象一起进一步探讨影响问题解决的因素，为结案之后独立面对问题做好准备 (4)鼓励服务对象表达结案时的情绪，与服务对象一起探讨结案后的跟进服务

续上表

项　目	内　容
结案形式	(1)直接告诉服务对象 (2)延长服务间隔的时间 (3)变化联系的方式(如面对面服务变为电话服务)

母题精选

【单选题】个案的结案形式多种多样,在最后一次服务面谈中,下列做法中最适宜的结案形式是(　　)。(真题)

A. 由社会工作者直接告诉服务对象需要结束服务

B. 由社会工作者的同事告诉服务对象需要结束服务

C. 由社会工作者的督导告诉服务对象需要结束服务

D. 由社会工作者的领导告诉服务对象需要结束服务

【答案】A

【多选题】在个案工作进入结案阶段时,有的服务对象会出现分离焦虑,从而提出更多有待解决的问题或需求,此时社会工作者适宜的做法有(　　)。(真题)

A. 增加机构会谈或家访的次数

B. 接纳服务对象的分离焦虑

C. 分享服务对象收获的正向经验

D. 与服务对象共商转介计划

E. 酌情延长服务时间

【答案】BC

七、评估和跟踪(了解)

本考点从 2012 年开始就没再考过,考生稍加了解即可。

项　目	内　容
评估	评估是指对社会工作的服务效果和效率进行评定
成效评估	(1)评估的内容 ①服务对象的改变状况 ②工作目标的实现程度 ③服务介入工作的人力、物力和其他资源的投入 (2)评估的方法 ①由服务对象评估服务工作的开展状况以及对服务工作的满意程度 ②由社会工作同行评估服务工作的开展状况 ③由服务机构评估社会工作者的服务工作开展状况
跟踪服务	跟踪服务主要有 3 个方面的任务 (1)根据服务对象的状况,安排一些结案之后的联系,巩固服务对象已经取得的进步,增强服务对象独立面对问题的能力 (2)调动服务对象的周围资源,增强服务对象的社会支持 (3)持续评估服务工作的效果

为了准确评估服务工作的开展状况,采用多种评估方法是比较有效的方式。

第三节　个案工作的常用技巧

一、个案会谈(重点掌握)

考查年份：2012～2019年。属于必考点，通常会考2～3道单选题或多选题，一般会以案例的形式让考生判断属于哪一项技巧，考生需要重点学习和运用，并区分不同技巧之间的差异。主要考查方向为：个案会谈中的3大技巧。

(一)个案会谈的类型和安排

项　目	内　容
个案会谈的类型	(1)建立关系的会谈。主要目的是帮助社会工作者与服务对象建立专业的合作关系 (2)收集资料的会谈。主要目的是帮助社会工作者收集服务对象的相关资料，以便对服务对象的生活状况或者服务开展状况作出准确的判断 (3)诊断性会谈。主要目的是帮助社会工作者针对服务对象的问题作出正确的分析和推断 (4)治疗性会谈。主要目的是帮助社会工作者针对服务对象的困扰施加有目的的影响，从而促使服务对象发生积极的改变 (5)一般性咨询会谈。主要目的是通过为服务对象提供相关的知识和信息帮助服务对象作出准确的选择
个案会谈的安排	(1)个案会谈的准备。包括服务对象相关资料的阅读、会谈时间和地点的选择以及会谈场地的布置等 (2)个案会谈的内容安排。包括在会谈开始、中间和结束各阶段的各项任务安排和具体的时间分配 (3)会谈内与会谈外的衔接

(二)个案会谈的三大技巧

项　目	内　容
支持性技巧	支持性技巧是指社会工作者借助口头和身体语言让服务对象感受到被理解、被接纳的一系列技术。具体如下 (1)专注。即社会工作者通过友好的视线接触、开放的姿势以及专心的态度关注服务对象的表达 (2)倾听。即社会工作者用心倾听服务对象传达的信息，理解服务对象的感受 (3)同理心。即社会工作者设身处地体会服务对象的内心感受，理解服务对象的想法和要求 (4)鼓励。即社会工作者运用口头或身体语言(点头、微笑等)来肯定服务对象的积极表现
引导性技巧	引导性技巧是指社会工作者主动引导服务对象探索自己过往经验的一系列技巧。具体如下 (1)澄清。即社会工作者引导服务对象重新整理模糊不清的经验和感受

同理心和自我披露要做区分。
①同理心侧重社会工作者站在服务对象的角度，理解服务对象。
②自我披露侧重社会工作者袒露自己。

续上表

项　目	内　容
引导性技巧	(2)对焦。即社会工作者对服务对象偏离的话题或者宽泛的讨论进行收窄,集中讨论的焦点。社会工作者可以通过让服务对象自己列出话题或者问题的重要次序聚焦讨论的焦点 (3)摘要。即社会工作者将服务对象长段谈话或者不同部分的话题进行整理,概括和归纳其中的要点
影响性技巧	影响性技巧是指社会工作者为服务对象提供必要的信息或者建议,让服务对象采取不同的理解和解决方法的一系列技巧。具体如下 (1)提供信息。即社会工作者借助自己的专业知识和经验向服务对象提供必要的知识和技巧 (2)自我披露。即社会工作者有选择地袒露自己的亲身经历或者处理事情的方法,为服务对象提供参考 (3)建议。即社会工作者根据服务对象的具体情况提供有利于服务对象改善生活状况的建设性意见 (4)忠告。即社会工作者向服务对象指出某些行为的危害性或者必须采取的行为。在提供忠告时,社会工作者可以运用强调的语气,直接指出面临的危害和必须采取的行为,但需要避免强迫服务对象 (5)对质。即社会工作者通过直接提问等方式让服务对象面对自己在行为、情感和认识等方面不一致的地方

母题精选

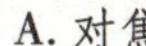【单选题】服务对象:“……我总是这样,我有时候想我是不是疯了”。社会工作者:“您刚才说的意思是,您一遇到有反对意见,就觉得受不了吗?”上述对话中,社会工作者使用的引领性技巧是(　　)。(真题)

A. 对焦　　B. 澄清　　C. 摘要　　D. 对质

【答案】B

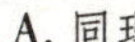【单选题】社会工作者说:“张阿姨,您刚才谈到母亲过世后,家里发生了一些变故,您与兄弟姐妹的关系发生了矛盾,您还担心接下来父亲的照顾问题,那么您这次最想谈的是什么?”上述这段话中,社会工作者运用的技巧是(　　)。(真题)

A. 同理　　B. 摘要　　C. 澄清　　D. 对焦

【答案】D

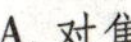【单选题】服务对象周某向社会工作者小刘抱怨:“别人总说我言行不一,其实我不是这样的,没人明白我的苦衷。”小刘说:“在我印象中,你有时候说的和做的确实有些不同,是不是啊?”上述对话中,小刘运用了个案工作影响性技巧中的(　　)。

A. 对焦　　B. 对质　　C. 建议　　D. 鼓励

【答案】B

【单选题】服务对象小马向社会工作者小王抱怨说:“我父亲老是不放心我,不是问我去哪里了,就是问我去的地方安不安全,真是烦死了,总是把我当作三岁孩子看。”此时,小王运用同理心的技巧,最适宜的回应是(　　)。(真题)

A.“你过去是不是做过什么让他担忧的事?如果有,他有这样的态度也很自然。”

B.“你烦恼、不满,觉得父亲不信任你,你认为自己可以照顾自己。”

C.“你的这些烦恼、不满,跟朋友说过吗?”

D.“你父亲对你不信任,我为你感到难过。”

【答案】B

二、个案记录(了解)

本考点从2012年开始就没再考过,考生稍加了解即可。

项　目	内　容
个案记录方式	(1)文字记录。主要是通过语言文字记录服务中发生的事件,是最频繁使用的记录方式 ①优点:文字记录简便、易行 ②缺点:无法做到现场记录;容易受到记录者自身因素(如语言表达能力等)的影响 (2)录音。社会工作者通过录音工具记录服务事件发生的具体过程 ①优点:简便、易行;现场记录服务事件的发生过程,比较客观和可信 ②缺点:会遭遇隐私保护的问题,使用前需征得服务对象的同意;影响服务对象表现 (3)录像。社会工作者借助影像设备记录服务事件的过程 ①优点:录像运用影像的方式现场记录事件的发生过程,能够客观、完整地记录事件的变化 ②缺点:影像设备使用的费用比较高;涉及隐私保护的问题;使用时,需要安排专门的工作人员负责,这也限制了它的使用
个案记录的要求	(1)个案记录的基本格式要求。个案记录呈现有5个基本方面要求 ①个案的基本情况(如个案的性别、年龄、婚姻状况、家庭和工作的基本情况等) ②个案面临的主要问题(如个案面临的主要问题和问题的排序等) ③个案的背景和经历(如与问题有关的背景资料和个人经历等) ④个案的能力和资源(如个人解决问题的能力、个人的社会支持和环境提供的机会等) ⑤个案的诊断(如问题的诊断和干预建议) (2)现在与过去。在描述时,要把服务对象现在的问题作为描述重点,而把服务对象的过去经历作为现在问题的补充解释,放在现在问题描述之后 (3)事实与推断。个案记录中既包括事实的描述,也包括推断

社会工作者可以根据服务安排的要求有选择地使用多种记录方式,如针对比较深入的个案会谈可以使用文字记录的方式,而针对一般的活动安排则可以使用录音和录像的方式。

续上表

项 目	内 容
个案记录的作用	跟进服务；社会工作者评估；转介依据；机构评估依据；未来研究的参考

三、获取资料（掌握）

👍 考查年份：2017～2019年。本考点在近年考试中考查频繁，一般会出1道单选题。主要考查方向为：获取资料的方法。

项 目	内 容
会谈的运用	（1）自我陈述。服务对象按照自己的喜欢方式讲述自己的故事和情况 （2）对答方式。社会工作者采用严格的对答方式，以保证信息的完整性。不管是采用自我陈述还是对答的方式，都是为了找到服务对象的问题聚焦点。另外，社会工作者也可以运用周围其他人对服务对象的看法进而总结其问题的焦点
调查表的运用	根据调查问题的安排方式，分为结构式调查表和非结构式调查表 （1）结构式调查表。这种调查表是预先设计好的固定的调查问题和调查问题的答案选项，调查对象只需挑选其中认为正确的答案，适合用于收集有明确答案而且比较容易识别的资料 （2）非结构式调查表。这种调查表只有预先设计好的固定的调查问题，但没有调查问题的答案选项，调查对象需要根据自己的理解填写调查问题的答案，比较适合没有明确答案的开放式问题的资料收集
观察的运用	根据参与的方式，分为参与观察和非参与观察 （1）参与观察。即社会工作者在观察过程中直接参与观察服务对象的活动。这种观察方式比较适合于那些有关服务对象或者周围他人内心想法和感受的资料收集 （2）非参与观察。即社会工作者在观察过程中不直接参与观察服务对象的活动。这种观察方式只依赖社会工作者自身的观察和分析，只适合那些可以通过外部观察就可以察觉到的现象
现有资料的运用	根据资料呈现的方式，分为文献记录和实物两类 （1）文献记录。即有关服务对象日常生活状况的文字记录，比如学生的成绩单、低保家庭的低保证明、医院的健康检查证明等 （2）实物。即服务对象与周围环境互动过程中留下的能够呈现服务对象生活状况的资料，比如服务对象的学习作品、服务对象所做的环境布置等

母题精选

【单选题】社会工作者小李陪伴救助对象老王参加社会联谊活动，在活动中了解了老王最近面临的困难，并在活动结束后安抚了老王的情绪，一起商量解决的办法，小李在本次活动中获取资料的主要方法是（　　）。（真题）

A. 参与观察　　B. 非参与观察　　C. 自我陈述　　D. 定量评估

【答案】A

【单选题】社会工作者向服务对象收集资料时，针对一些涉及隐私或不便于在他人面前表达的资料，最适宜采用的方法是(　　)。(真题)

A. 自我陈述　　B. 结构式调查表

C. 参与观察　　D. 文献记录

【答案】 B

四、策划实施的方案(熟悉)

考查年份：2013 年、2016 年。本考点在考试中考查不多，一般会以多选题的形式出现。考生需要把握策划方案的 3 大目标以及服务目标制定的原则。

项　目	内　容
目标清晰而且现实	社会工作者在制定目标时要做到清晰易懂、现实可行。具体制定则需符合以下几点 (1)可观察。服务目标是可以直接观察到的 (2)可测量。服务目标是可以通过某种测量工具直接测量的 (3)积极正向。服务目标是服务对象的生活朝向积极方向的改变
服务对象的范围明确	(1)以服务对象为主 (2)以服务对象身边的重要他人为参与者 (3)以其他重要他人为支持者
策略合理	一个好的服务方案需要有合理的服务策略，主要包括以下两方面 (1)服务策略与服务目标一致。服务策略的安排有助于社会工作者帮助服务对象实现服务的目标 (2)服务策略之间的协调。服务策略的安排有助于各项服务活动之间的配合

母 题 精 选

【多选题】社会工作者制定个案服务方案的关键在于目标的设定。在制定服务目标时应注意的原则有(　　)。(真题)

A. 清晰具体　　B. 现实可行　　C. 灵活可变

D. 可以测量　　E. 积极正向

【答案】 ABDE

五、个案评估(了解)

本考点从 2012 年开始就没再考过，考生稍加了解即可。

项　目	内　容
正确运用评估类型	(1)根据不同评估任务选择不同类型的评估 ①效果评估是针对整个服务介入过程的评定，它经常用来考核整个服务开展的状况或者服务机构的活动开展状况 ②过程评估主要关注服务开展的具体过程，它比较适用于服务过程中的影响因素以及服务策略和技巧使用状况的考察 (2)综合运用不同类型的评估。除了需要区分不同类型的评估有不同的功能外，社会工作者同时还需要学习综合运用两种不同类型的评估

续上表

项　目	内　容
合理运用评估的方法	常见的评估方式包括：问卷评估、行为评估和心理测量等 （1）问卷评估。即运用问卷的方式评估服务对象的生活状况 （2）行为评估。即直接观察和测定服务对象的行为变化 （3）心理测量。即运用心理测评的工具衡量服务对象内心状况的变化
鼓励服务对象的积极参与	社会工作者可以运用的方法如下 （1）与服务对象共商评估事宜 （2）让服务对象主导评估工作
坦诚与保密	社会工作者在开展评估时，需要做到以下两点 （1）坦诚。在评估之前，社会工作者需要向服务对象说明评估是为了改进现有服务工作，表达自己的诚意 （2）保密。在评估过程中，社会工作者需要向服务对象承诺保密的原则，以减轻或者消除服务对象对待评估工作的担心

章节练习

手机微信扫描【章节练习】旁边的二维码或电脑浏览器打开 https://shegong.ek100.cn/即可进入智能题库进行章节练习。

第五章　小组工作方法

考点速记　微信扫描

本章应试分析

本章介绍了社会工作中的第 2 种工作方法——小组工作，包括小组工作的类型、特点、模式、过程和技巧。本章在考试中属于重点章节，在历年考试中分值占比较高，每年涉及分值约 14 分，通常会考查 8 道单选题和 3 道多选题。

小组工作方法与个案工作方法一脉相承又有区别，比如在工作方法技巧上就有很多共通的地方，但前者适用的范围更大。考生在学习的时候，可以结合个案工作方法学习经验来加深理解并加以区分。

思维导图

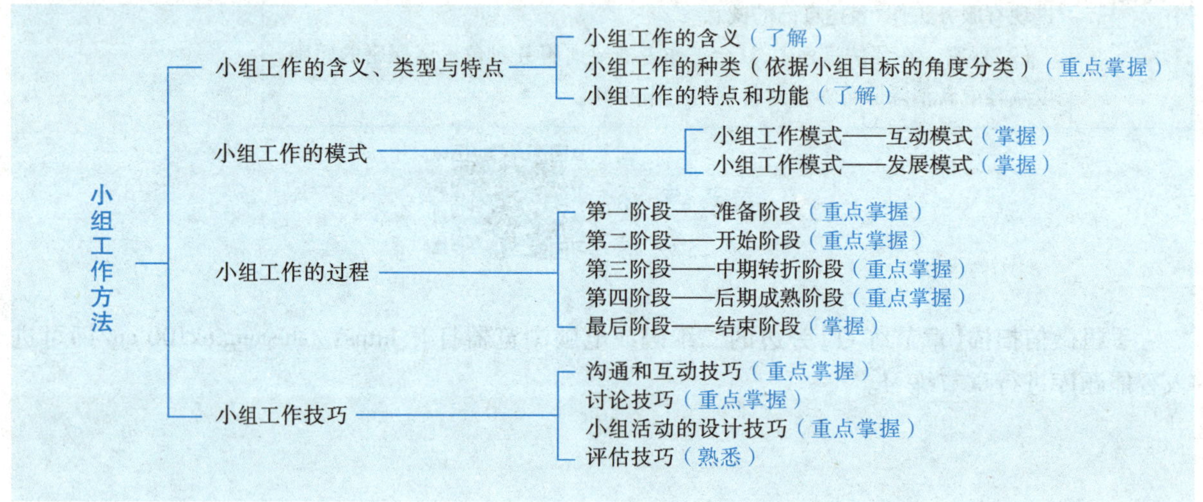

名师同步精讲

第一节　小组工作的含义、类型与特点

微信扫描

一、小组工作的含义（了解）

项　目	内　容
小组	在社会工作中，小组是指由社会工作者指导，将两个以上且具有共同的需求或相似的社会问题的成员组织在一起而开展互动性活动的团体
小组工作	小组工作是社会工作的基本方法之一，经由社会工作者的策划与指导，通过小组活动过程及组员之间的互动和经验分享，帮助小组组员改善其社会功能，促进其转变和成长，以达到预防和解决有关社会问题的目标

名师指导

在历年考试中均未考查，考生了解即可。

二、小组工作的种类(依据小组目标的角度分类)(重点掌握)

> 考查年份:2012 ~ 2019 年。属于必考点。通常每年会考 1 道单选题。主要考查方向为:通过案例分析属于哪一类型的小组。

项　目	内　容
教育小组	(1)宗旨:通过帮助小组组员学习新知识、新方法,或补充相关知识不足,促使成员改变其原来对于自己问题的不正确看法及解决方式,从而实现小组组员的发展目标 (2)社会工作者的工作 ①帮助小组组员能够认识到自我存在的问题并有自我解决问题的需要 ②促使小组组员能够确立新观念、新视野,从而改变看问题的角度 ③开展干预服务,降低小组组员的问题行为特征,从而达到改变自我的目的
成长小组	(1)宗旨:帮助组员了解、认识和探索自己,从而最大限度地运用自己的内在及外在资源,充分发挥自己的潜能,解决所存在的问题并促进个人正常健康地发展 (2)成长小组的焦点在于个人的成长和正向改变。比如,青少年的野外拓展训练营
支持小组	(1)支持小组一般是由具有某一共同性问题的小组组员组成的。通过小组组员彼此之间提供信息、建议、鼓励和情感支持,达到解决某一问题和成员改变的效果。比如,单亲家庭自强小组、癌症患者小组 (2)支持小组要充分发挥小组组员的自主性,鼓励成员分享经验并协助解决彼此的问题
治疗小组	(1)治疗小组的组员一般来自那些不适应社会环境,或其社会关系网络断裂破损而导致其行为出现问题的人群。如为吸毒人员提供服务的"美沙酮治疗小组"、为社区矫正对象开展的"星星点灯小组" (2)治疗小组对社会工作者的素质要求较高,既要具备扎实的社会工作理论和娴熟的实务技能,还要具备一定的心理学、医学等方面的学术训练和临床经验

母题精选

【单选题】在某妇女支持小组中,组员总是向社会工作者倾诉,而组员间的交流很少,小组动力一直没有形成。针对这种状况,社会工作者最适合的做法是(　　)。(真题)

A. 适当自我表露　　B. 积极回应组员

C. 适当帮助疏理　　D. 促进组员间相互表达和回馈

【答案】D

【单选题】针对新手妈妈常见的育儿问题,社会工作者小张开设了一个主题为"新手妈妈训练营"的小组。在小组中,小张与医生、心理咨询师合作,为新手妈妈普及科学育儿、新生儿常见疾病预防、新生儿心理及行为等方面的知识。该小组的类型是(　　)。(真题)

A. 教育小组　　B. 成长小组　　C. 支持小组　　D. 治疗小组

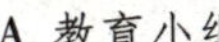

【答案】A

【单选题】社会工作者拟为某监狱的服刑人员开展一个小组，目标是矫正他们的越狱行为。社会工作者最宜选择的小组类型是（　　）。

A. 互助小组　　B. 成长小组　　C. 支持小组　　D. 治疗小组

【答案】 D

【单选题】在社会工作者的推动下，某市"自闭症儿童"的母亲们组成了一个交流信息、情感的小组，社会工作者希望通过小组服务，鼓励她们分享经验并协助解决彼此的问题。根据上述内容，这个小组的类型是（　　）。

A. 治疗小组　　B. 支持小组　　C. 教育小组　　D. 成长小组

【答案】 B

三、小组工作的特点和功能（了解）

在历年考试中未考查过，考生了解即可。

项　目	内　容
特点	小组组员问题的共同性或相似性；强调小组组员的民主参与；运用小组治疗性因素；注重团体的动力
功能	塑造小组组员的平等意识和共同体归属感；提供小组组员自我改变及"被肯定"的社会场景；创造相互帮助、共同成长的学习机会；打造增能的社会支持网络

第二节　小组工作的模式

一、小组工作模式——互动模式（掌握）

考查年份：2012 年、2014～2015 年、2018 年。属于常考点，一般会出 1 道单选题。主要考查方向为：对互动模式的实际运用和实施原则。

项　目	内　容
概念	互动模式又称交互模式或互惠模式，是基于人与环境和人际关系而建立的一种小组模式，旨在通过组员之间、组员与小组及社会环境之间、小组与社会环境之间的互动关系，促使组员在小组这个共同体的相互依存中得到成长，增强组员的社会功能，提升其发展能力
实施原则	（1）开放性的互动。社会工作者可以运用催化、刺激、示范、提供咨询、反应、质疑与开放讨论等方法和技巧，来促进小组互动频率的加快和小组互动质量的提高 （2）平等性的互动。互动模式要求组员在小组中培养平等的关系，通过与其他组员的沟通、理解、互动达成共识，共同实现小组的目标并由此获得个人的发展。该模式强调小组组员间的平等及个体独立性 （3）面对面的互动。社会工作者要促使组员之间"面对面"澄清其苦恼的问题、期待解决的需求，认清其在小组中承担的角色。同时，通过这种面对面的沟通、协商、讨论，促使组员寻找小组的共同需求，挖掘小组的正向动力，主动思考和解决问题，整合社会资源，实现组员个人及小组的发展目标

母题精选

【单选题】某街道有一些大龄单身男女青年，由于平时工作忙，没有机会谈恋爱，不仅自己很苦恼，父母也很着急。社会工作者小陈发现这个情况后，准备为他们开展一个“公益星空下”的小组，将他们组织起来，一起参加公益活动，以便相互认识，增进了解。为实现小陈的想法，此小组最适合采用(　　)。(真题)

A. 互动模式　　B. 治疗模式

C. 发展模式　　D. 社区行动模式

微信扫描

【答案】A

【单选题】社会工作者开设残疾人就业援助小组，刚开始时，组员很少主动讲话，更不愿意谈就业中遇到的失败经历。社会工作者运用催化、示范、提升咨询等方法和技巧，促使组员获得更多与社会良性互动的体验，社会工作者鼓励组员不断积累找工作的经验，让部分获得工作的组员在小组中分享其成功经验。上述过程中，社会工作者遵循了小组互动模式中的(　　)原则。(真题)

A. 封闭性互动　　B. 平等性互动

C. 开放性互动　　D. 个别性互动

微信扫描

【答案】C

二、小组工作模式——发展模式(掌握)

考查年份：2012 年、2014 ~ 2015 年、2019 年。属于常考点，通常会出 1 道单选题。主要考查方向为：对发展模式的实际运用和实施原则。

项　目	内　容
概念	发展模式又称过程模式或发展性小组模式，是较晚发展起来的一种小组工作模式，旨在解决和预防服务对象社会功能的衰减问题，恢复和发展服务对象的社会功能
理论基础	(1)发展模式的理论基础：发展心理学、社会发展理论、社会关系和社会结构理论以及小组动力学 (2)发展模式强调以人的发展为核心，关注人的社会功能的提升。发展模式关注的焦点在于小组组员的社会功能而不是有关生理和病理方面的因素，重视的是组员个人潜力的发掘与发挥而不是治疗性辅导 (3)发展模式的假设前提：人有潜力做到自我意识、自我评价和自我实现；能够意识到他人的价值、评价他人，并与他人形成互动；能够意识到小组的情境，评估小组的情境，并在小组中采取行动 (4)发展模式适用于有困难的人群、面对危机的人群、寻求更大自我发展的人群
实施原则	(1)积极参与原则。社会工作者要协调和鼓励组员在小组活动中，主动表达自己的困惑或者对发展的建议，积极分享和学习自我发展的经验 (2)使能者原则。社会工作者要支持、帮助小组组员通过各种活动，相互关心、相互帮助和分享，更要发展认知，激发潜能，提升组员寻求解决问题的办法、整合社会资源及自我发展的能力

母题精选

【单选题】社会工作者小李拟为社区青年志愿者开展小组服务。在小组活动中,小李计划让组员交流志愿服务中积累的经验和体会,表达遇到的困惑,依托集体的力量,激发组员的潜能。小李的设计是以(　　)为基础的。(真题)

A. 发展模式　　B. 任务中心模式　　C. 治疗模式　　D. 社会目标模式

【答案】 A

【单选题】社会工作者针对社区居民关心的养狗和环境卫生等问题举办了"社区议事"小组。在小组服务中,社会工作者以发展模式为实践基础,鼓励社区居民说困难、谈建议。此做法主要体现了发展模式的(　　)原则。(真题)

A. 平等性　　B. 开放性　　C. 参与性　　D. 建构性

【答案】 C

第三节　小组工作的过程

一、第一阶段——准备阶段(重点掌握)

考查年份:2012 ~ 2019 年。属于必考点,一般会出 1 ~ 2 道题,单选题和多选题均可能考查。主要考查方向为:准备阶段的工作内容。

项　目	内　容
概述	小组工作的准备阶段属于制订计划的阶段。在这个阶段,社会工作者必须精心遴选小组组员,了解他们的问题所在及真实需求,并在此基础上制订具体的工作方案
组员的招募及遴选	(1)招募组员。招募渠道:①主动向本机构寻求帮助的某些人员;②已由本机构服务的某些对象;③其他机构转介来的特定服务对象;④通过互联网、社区宣传栏等载体得知信息而主动报名参加的某些人员;⑤社区居民向本机构介绍的某个人员 (2)遴选和评估。遴选和评估的要件主要有:①共同或相似的问题,或者有共同的兴趣和愿望;②年龄和性别(如果有此要求的话);③文化水平及对某些问题的认识;④家庭状况;⑤职业状况;⑥对参加小组的要求 (3)确定组员。按照本小组的类型、特点及人数要求等,确定参加本小组的成员
确定工作目标	(1)目标的分类。分为总目标和具体目标 ①总目标。由该小组的类型特征及成员的问题和需求所决定,大致包括指导思想和总体任务 ②具体目标。包括:沟通目标;过程目标;实质目标或问题目标;需求目标 (2)确定工作目标的原则 ①目标清楚,可以测量和评估 ②要有明确的时间限定,以便小组组员清楚在什么时间完成什么目标 ③目标要适合小组组员的实际能力

续上表

项　目	内　容
确定工作目标	④具体目标之间的相容性，不能相互冲突 ⑤目标的表述尽量使用正面的肯定性语言或词汇，以便小组组员明确知道他们需要做的事情，而非强调不该做什么事情
制订工作计划	(1)理念：机构的背景；组成小组的原因；小组的理论、概念框架 (2)目标：总体目标 (3)组员：特征、年龄、教育背景；需要解决的问题 (4)小组的特征：性质；时间(长期、短期)；规模、人员组合；集体聚会的频率和时间 (5)明确的目的：各具体目标 (6)初步确定的程序计划和日程：每次集体聚会的计划草案；程序活动；日期、时间、每次聚会的特点；活动的具体目的；社会工作者的责任；活动准备；需要的器材、设备；每次聚会需要的费用 (7)招募计划：按机构的规则，制定小组建立的程序；组员的来源；宣传、招募方法；允许的招募时间；招收方法 (8)需要的资源：器材；地点和设备；人力资源；特别项目；有关人员 (9)预料中的问题和应变计划：小组组员的问题；小组社会工作者或机构的问题；其他来源问题 (10)预算：程序、器材、交通等费用的总和；费用或小组组员会费 (11)评估方法：评估的范围；评估的方法
申报并协调资源	社会工作者需要向自己所属的服务机构提出申请，递交工作方案，争取批准和资源支持。有些小组的方案也可以向有关社区或者赞助机构争取资源支持
小组的规模与工作时间	(1)小组的规模。小组的规模指的是小组的大小，主要与小组的人数相关。影响小组大小的因素有：小组目标；小组类型；探讨问题的性质；组员的成熟度；工作者的经验；有无协同领导者 (2)小组的时间。小组工作的时间包含4个方面的内容：工作的持续时间；小组聚会的频率；每次活动时间的长短；小组开始和结束的时间
活动场地及设施的选择和安排	(1)小组活动场地的选择。活动场地及其环境的布置要有助于促进组员对小组的认同感，最好选择安全、安静、舒适的活动场地和环境 (2)活动所需的座位安排。从有利于提高小组组员互动频率的角度，座位安排最好是圆形的，或者面对面的 (3)准备活动所需的其他设施和辅助材料，譬如张贴画、奖品等 此外，对小组过程中可能出现的意外情况要有充分估计，并做好完善的应急预案

①5人的小组比较适合讨论，8人的小组最容易完成任务；②治疗小组一般在5～7人；③儿童小组6～8人为宜；④活动性、辅导性或教育性的小组规模可稍大些，30～50人均可；⑤工作小组或会议小组大多在5～9人；⑥讨论性小组不超过15人，督导小组适合8～10人。

母题精选

【多选题】某社会工作服务机构拟为隔代祖辈家长开设教育小组，旨在帮助他们掌握隔代教育的知识，打造沟通交流和互助的平台。在小组准备阶段，社会工作者应完成的工作有（　　）。（真题）

A. 申报并协调资源
B. 招募并遴选组员
C. 确定小组目标并制订工作计划
D. 消除组员陌生感并制定小组规范
E. 确定并促进形成相对稳定的小组结构

【答案】ABC

【多选题】某社会工作机构拟开办一个社区老年志愿者培训小组。在准备阶段，社会工作者需要完成的主要任务有（　　）。（真题）

A. 建立小组契约
B. 确定小组目标
C. 帮助组员相互认识
D. 制定小组计划
E. 选择合适活动场地

【答案】BDE

二、第二阶段——开始阶段（重点掌握）

考查年份：2012～2019年。属于必考点，一般会考1道单选题或多选题。在近2年考查题量有增加趋势，均考查了3道题。考生需要加强重视。主要考查方向为：社会工作者在开始阶段的任务和角色。

项　目	内　容
概念	从第一次聚会起，小组工作就进入了开始的阶段。这一阶段是小组组员之间、社会工作者与小组组员之间关系建构的阶段，是小组组员对小组产生认同的阶段，也是小组规范化的阶段
开始阶段组员的一般特点	（1）矛盾的心理与行为特征 （2）小心谨慎与相互试探 （3）沉默而被动 （4）对社会工作者的依赖性
社会工作者的任务（重点掌握）	这个阶段小组工作的重点在于帮助小组组员之间建立信任关系。社会工作者应重点做好下列几项工作 （1）协助小组组员彼此认识以消除陌生感 （2）帮助小组组员厘清对小组的期望，提高他们对小组目标的认识 （3）讨论保密原则和建立契约 （4）制定小组规范。小组的规范有以下3类 ①秩序性规范，用来界定组员之间的互动准则 ②角色规范，界定和明确组员所期望的具体角色和行为 ③文化规范，澄清和说明小组的信念和基本价值，强调开放、平等、保密、非批判和团结合作等原则 （5）营造信任的小组气氛。主要通过以下5点营造信任的小组气氛 ①主动与组员沟通，建立信任关系。可以运用同理心，站在组员的角度考虑问题，倾听他们的问题，并作出真诚有效的回应

同理心在本书中多处强调出现，非常重要。

续上表

项　目	内　容
社会工作者的任务（重点掌握）	②创造机会让组员表达自己的想法，通过组员间的相互回馈和关怀自然地产生信任 ③寻找并强调组员之间的相似性 ④澄清组员之间的可能误解 ⑤培养组员积极倾听他人意见的良好习惯 (6)形成相对稳定的小组关系结构。具体如下 ①沟通结构。要建立能够最大限度鼓励组员进行沟通的理想结构 ②接纳结构。在组员之间形成能够相互接纳、相互包容的结构 ③权利结构。建立鼓励全体组员，特别是弱势组员能够自我肯定、有所增权的权利结构 ④领导结构。在开放性和流动性的前提下，建立注重责任、轮流参与、有利于推动小组过程的领导结构 ⑤角色结构。协助建立每个组员都有位置、都适合的角色结构
社会工作者的角色和责任	(1)领导者的角色和责任。社会工作者处于小组的核心位置 (2)鼓励者的角色和责任。社会工作者要鼓励组员主动表达自己对小组和其他成员的各种期望，尽快适应小组环境 (3)组织者的角色和责任。社会工作者要组织一些能够有助于组员之间相互了解的活动，促进组员之间尽快建立相对的熟人关系

母题精选

【多选题】社会工作者小王为社区老人举办了一个“健康管理”小组。在开始阶段，有不少组员怕说错话，做错事，表现出沉默、观望等状态，大家都希望在别人发言后，自己再表态。针对这一情况，小王适合的做法有(　　)。(真题)

A. 组织创意活动打破僵局

B. 指定几名组员轮流发言

C. 邀请组员分享健康保健经验

D. 以身示范成为主要的发言者

E. 通过寻找组员的相似性，调动发言积极性

【答案】 ACE

【单选题】“接下来这个环节是‘我的名片’，现在我给每个人发一张卡纸，请你们在卡纸上用3至5个简单的字或词来描述自己，制作自己的特色名片。写好后与其他组员交换名片，相互认识一下。”社会工作者的这段话最有可能出现在小组工作的(　　)。(真题)

A. 准备阶段　　B. 开始阶段

C. 中期转折阶段　　D. 后期成熟阶段

【答案】 B

【单选题】社会工作者小王正在开展一个外来务工人员子女成长小组，在其中一节小组活动中，小王安排了一个“T恤秀”的游戏，让组员在白色T恤衫上画出自己印象中老家的房子，并向其他组员介绍自己的家乡。小王设计的这个游戏，有助于（　　）。（真题）

A. 促进组员积极表达，增进互相理解与支持

B. 应对抗拒行为，协调和处理组员间的冲突

C. 推动组员间形成相对稳定的关系结构

D. 保持小组经验，更好地适应社会生活

【答案】 A

三、第三阶段——中期转折阶段（重点掌握）

考查年份：2012～2015年、2018～2019年。本考点在考试中考查次数较多，基本属于必考点，一般会考1～2道单选题或多选题。主要考查方向为：中期转折阶段社会工作者的任务及社会工作者在此阶段的角色。

项　目	内　容
组员的常见特征	（1）对小组具有较强的认同感 （2）互动中的抗拒与防卫心理 （3）角色竞争中的冲突。表现如下 ①组员希望更真实地表达自己不同的意见和分歧，有时也会对别人批评和指责 ②随着自我意识和权力意识的增强，一些组员可能会通过权力竞争来争取自己在小组中的位置
社会工作者的任务（重点掌握）	面对小组的特点，社会工作者在转折阶段的工作重点在于处理小组冲突。具体如下 （1）处理抗拒行为。社会工作者要帮助组员了解小组是分享和表达感受的重要场所。同时，要营造一种开放的气氛，帮助成员探索自己的恐惧和防卫，鼓励他们承认并解决他们所体验的任何犹豫和焦虑等 （2）协调和处理冲突。在解决冲突时，社会工作者可以运用以下具体措施 ①帮助组员澄清冲突的本质 ②增进小组组员对自我的理解 ③重新调整小组规范和契约 ④协助组员面对和解决由冲突带来的紧张情绪和人际关系紧张 ⑤运用焦点回归法，将问题抛回给组员，让组员自己解决 （3）保持组员对整体目标的意识 （4）协助组员重新建构小组 （5）适当控制小组的进程
社会工作者的角色和责任	在转换阶段，社会工作者在小组的权力与地位逐渐由中心位置向边缘位置转移，不再担任小组的领导者和决策者，而只是小组的协助者和引导者。在处理冲突过程中，社会工作者的角色不仅是充当工作者、辅导者，而且是调解人、支持者

母题精选

【单选题】社会工作者小王为戒毒康复人员设计了同伴辅导成长小组。下列小组活动内容中，最适合在小组中期转折阶段开展的是（　　）。（真题）

A. “同心圆”：增进彼此熟悉程度　　B. “心之畅想”：回顾成长，展望未来

C. “我们的约定”：制定小组契约　　D. “假如我是辅导员”：开展角色扮演

【答案】D

【单选题】在小组工作过程中，组员会因为个人目标和小组目标之间的差异而产生冲突。这种状况往往出现在小组的（　　）。

A. 工作开始阶段　B. 中期转折阶段　C. 后期成熟阶段　D. 结束阶段

【答案】B

【单选题】在小组工作的中期转折阶段，小组成员关系走向紧密化，小组内部权力竞争开始。此时，社会工作者的工作重点是（　　）。

A. 增强组员对小组的认同感　　B. 处理小组冲突

C. 形成稳定的小组关系结构　　D. 协助组员把认知转变为行动

【答案】B

四、第四阶段——后期成熟阶段（重点掌握）

考查年份：2014～2018年。基本属于必考点，尤其在近几年考查较多，每年至少会考1道单选题。主要考查方向为：小组和组员的特点以及社会工作者的任务。

项　目	内　容
小组及组员的一般特点	小组的凝聚力大大增强；组员关系的亲密程度更高；组员对小组充满了信心和希望；小组的关系结构趋于稳定
社会工作者的任务	在此阶段，社会工作者的工作重点在于协助组员解决问题。主要包括4个方面 (1)维持小组的良好互动 (2)协助组员从小组中获得新的认识。社会工作者要协助和鼓励组员进一步地自我表露，更深地自我探索，以获得更深的自我认识。同时，通过他人的回馈反省自己，让组员对事物有更客观的了解，对自己的问题形成原因和可能改变的方法，以及对环境、对自己与环境的关系有更新的认知 (3)协助组员把认知转变为行动 (4)协助组员解决有关问题
社会工作者的角色和责任	信息、资源的提供者和连接者；小组及组员能力的促进者；小组的引导者和支持者

在后期成熟阶段，社会工作者的权力和地位进一步边缘化。

母题精选

【单选题】在青少年小组最近两节活动中，社会工作者小刘发现组员的关系更加亲密，凝聚力大大提高，组员对解决这些问题充满信心和希望，也更加具有责任意识。小刘自己开展小组活动轻松了很多，很多任务都可以让组员来完成。根据此阶段组员的特点判断，该组员目前处于（　　）。（真题）

A. 工作开始阶段　B. 中期转折阶段　C. 后期成熟阶段　D. 工作结束阶段

【答案】C

【单选题】在设计小组活动时，社会工作者要考虑小组活动与各个工作阶段目标的匹配度。小组的后期成熟阶段，社会工作者最适合设计的活动是（　　）。（真题）

A."破冰"游戏，引导组员相互熟悉，消除相互之间陌生感

B."同心协力"活动，引导组员相互沟通，增加彼此的了解

C."谁是我"活动，引导组员真诚回馈，获得更深的自我认识

D."角色冲突"情景剧，引导组员学习容忍和化解冲突的办法

【答案】 C

【多选题】在传统文化保护项目中，社会工作者在社区居民中成立了"老物件、老照片、老故事"小组，经过一段时间的工作，小组进入了后期成熟阶段。此阶段小组及组员的主要特征有（　　）。（真题）

A. 小组的凝聚力增强

B. 小组关系结构趋于稳定

C. 对小组具有较强的认同感

D. 对小组充满了信心和希望

E. 对社会工作者的依赖性增强

【答案】 ABD

五、最后阶段——结束阶段（掌握）

考查年份：2012 年、2016 年、2019 年。属于常考点，一般会出 1 道单选题。主要考查方向为：①小组及组员的一般特点；②社会工作者的任务；③组员自评。

项　目	内　容
小组及组员的一般特点	（1）离别情绪浓重。主要表现在：①采取逃避的态度否定小组即将结束的事实；②出现退化行为，希望能够延长小组的日程，增加与社会工作者和组员相处的时间 （2）小组关系结构弱化。小组规范对组员的约束力、影响力开始减弱，组员间的联系也可能松散化，互动频率和强度相对降低
社会工作者的任务	（1）处理组员的离别情绪与感受 （2）协助组员保持小组经验。主要方法包括：模拟练习；树立信心；寻求支持；鼓励独立；跟进服务
做好小组评估	（1）社会工作者的自评，包括：①工作内容（小组目标）是否达成；②工作表现（社会工作者在带领小组中的技巧运用以及与组员之间的互动过程） （2）组员自评。包括：①参与小组的目标是否达成，如带来了哪些个人的改善；②参加小组过程的感受如何；③小组的效能如何 （3）观察员或督导的评估。包括：①对组员的观察和评估；②对小组效能的评估
社会工作者的角色和责任	（1）引导者的角色。面对组员的离别情绪，社会工作者要以适当的接纳与支持，引导他们做好情绪表达和学习处理离别 （2）领导者的角色。社会工作者要以小组领导人的角色和专业职责，规划好小组结束的活动，安排好每一步骤，协助小组组员完成理想的结束过程

母题精选

【单选题】学校社会工作者小方开办的学习能力提升小组已经进入结束阶段,为帮助组员保持在小组中收获的经验,小方应采取的做法是(　　)。(真题)

A. 做好小组评估工作,着重评估组员通过小组工作获得的改变

B. 告诫组员不要寻求他人的支持,要靠自身的力量维持和巩固正向改变

C. 设置练习环节,模拟现实生活情境,让组员练习在小组中学习到的方法

D. 理解和包容组员对小组的依赖心理,让组员了解有这样的依赖是正常现象

【答案】 C

【多选题】社会工作者小燕带领的"幸福家庭学习小组"进入结束阶段,她组织组员进行了自评。下列属于小组自评的有(　　)。(真题)

A. 小组的效能

B. 参加小组过程的感受

C. 工作人员的技巧运用

D. 组员之间的互动过程

E. 参与小组的目标是否达成

【答案】 ABE

第四节　小组工作技巧

一、沟通和互动技巧(重点掌握)

考查年份:2012 ~ 2017 年。基本属于必考点,一般会考 2 道题,1 道单选题和 1 道多选题。与组员沟通的技巧属于需要重点掌握的知识。

项　目	内　容
与组员沟通的技巧	(1)营造轻松、安全的氛围 (2)专注与倾听。通过语言的和非语言的专注,鼓励组员自由、放松地表达自己的感受;注意组员所说的重点 (3)积极回应。社会工作者要站在同理心的角度,向发言者表达对其发言的高度重视,积极回应 (4)适当自我表露。有选择地将亲身经历、体会、态度和感受向组员坦白 (5)对信息进行磋商。在组员发言中的信息含义不好把握时,社会工作者要耐心地与发言者协商交流,直到信息能够被组员正确了解和取得共识 (6)适当帮助梳理。在组员发言过程中或发言之后,社会工作者要非评判性地帮助组员梳理其发言,使其讲述的内容和感受听起来更具条理性和逻辑性 (7)及时进行小结。对组员发言中可能是散乱表达的信息,社会工作者要及时地帮助小结,如通过若干要点的归纳,简明扼要地复述组员发言中的主要观点和重要信息,使其具有条理性和逻辑性
促进组员沟通的技巧	提醒组员相互倾听;鼓励组员相互表达;帮助组员相互理解;促进组员相互回馈;示范引导

母题精选

【单选题】社会工作者小张为 10 名有逃学行为的青少年开展小组活动。小张与组员一起分析逃学的原因，其中组员小王发言时思想比较混乱，小张在小王发言后说："小王，你刚才讲了家里的基本情况和对老师的看法，下面我们可以深入讨论一下你不想上学的原因吗？"在上述过程中，小张运用了(　　)的技巧。(真题)

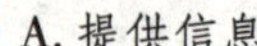

A. 提供信息　　B. 自我表露　　C. 及时小结　　D. 归纳总结

微信扫描【答案】C

【单选题】在小组讨论时，社会工作者认真聆听组员的发言，了解组员的感受和期望，并不时地复述组员讲过的话，让他们感到被理解和重视。上述做法中，社会工作者运用的技巧是(　　)。(真题)

A. 积极回应　　B. 示范引导　　C. 自我表露　　D. 信息磋商

微信扫描【答案】A

【多选题】在小组中，专注与倾听能够有效地传达社会工作者对组员的尊重与接纳。下列做法中，属于专注与倾听的表现有(　　)。(真题)

A. 记住组员发言中所说的细节　　B. 记住组员发言中提及的人名

C. 挖掘组员发言中的共同主题　　D. 忽略组员言行不一致的现象

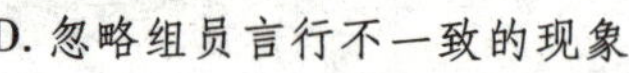

E. 鼓励组员放松地表达感受

微信扫描【答案】AB

二、讨论技巧(重点掌握)

考查年份：2012 年、2014～2019 年。基本属于必考点，通常会出 1～2 道单选题。主要考查方向为：主持小组讨论的技巧。

(一)小组讨论的事前准备

项　目	内　容
小组讨论的事前准备	(1)选择合适的主题 (2)注意讨论主题的措辞 (3)选择合适的讨论形式 (4)安排活动的环境 (5)挑选合适的参与者 (6)准备好讨论草案。讨论草案主要包括以下几点 ①讨论的目标，是提供资料还是激发兴趣，或是寻找解决问题的办法 ②讨论安排哪些素材 ③讨论场地及设施的准备 ④讨论时间的掌握、重点问题与次要问题的时间分配

(二)主持小组讨论的技巧

项　目	内　容
开场的技巧	(1)社会工作者应先介绍参与者，或运用其他的方式使成员互相认识 (2)社会工作者要引出将要讨论的主题，或者讨论提纲，介绍讨论的背景、意义与目标，讨论的规则及要求

续上表

项　目	内　容
了解的技巧	(1)随时观察和感觉组员的语言、认知、情绪、行为,适时给予支持和鼓励 (2)随时注意小组组员动力的运作,适时将自己对小组的感觉与思考反馈给组员 (3)要给予组员安全的小组气氛,使每一位小组组员没有戒备地流露真实的自我,并勇于接受讨论中有时因证据不足的挫折
提问的技巧	有5种提问类型 (1)封闭式的提问,如"是不是" (2)深究回答型的提问,可以用"描述""告诉""解释"等词提问 (3)重新定向型的提问,如"针对××提到的这个问题,大家是怎样想的?" (4)反馈和阐述型的提问,如"我们已经讨论了一段时间,谁能对此总结一下吗?" (5)开放式的提问,如用"怎样""为什么"等词提问
鼓励的技巧	对某些比较内向,或者容易害羞的成员的发言,社会工作者可以重复他们的意见,对正确的方面给予积极的鼓励,树立起他们的信心和安全感
限制的技巧	(1)限制手段 ①工作者用"是不是"的言辞询问其他善于发言的成员或者其他未发言的组员 ②及时切断话题,给予适时的打岔 ③限定发言时间,或者调整发言的次序 (2)适用情形:①小组组员垄断小组讨论时;②组员的发言太抽象时;③小组讨论脱离主题范围时
沉默的技巧	(1)可以适时在小组中形成真空,使组员自己进行判断 (2)在接受意见和建议后,请组员自己进行判断
中立的技巧	社会工作者要随时保持中立的位置,不偏袒或属意任一方;不判断他人意见;仅提供问题,不给予答案;可以提供资料信息,但不予决断,仅作利弊分析或事实论述
摘述的技巧	(1)摘述意即"摘取重要部分叙述",目的是重新强化会议主题。社会工作者摘要发言要简要明晰,在摘要后应该征求发言组员的意见,以确认自己摘要的正确性 (2)适用情形:讨论段落结束时;讨论主题被岔开时;变换主题时;组员的发言过长时;组员的发言过于复杂或宽泛时;组员意见对立或争执很久时;组员的发言声音过小时;组员在发言中语言出现障碍时

在考试中,通常是给出一个案例,让考生分析案例中运用了小组讨论的什么技巧,或者是运用什么技巧比较合适。

续上表

项 目	内 容
引导的技巧	(1)社会工作者用某种方式暗示讨论的方向,提示讨论的重点,或再次强调讨论的程序,以保证讨论的有序进行 (2)适用情形:小组讨论气氛热烈但偏离方向时 (3)社会工作者需要注意:①把握小组讨论的程序;②妥善处理讨论中发生的冲突;③引导小组讨论时,要避免指定发言、轮流发言、单刀直入和刨根问底
讨论结束的技巧	对小组讨论所作的结论必须详细、全面,并且对组员提出的主要意见要加以阐述、分析、评价和研究,并指出将要应用的方法

母题精选

【单选题】某小组目标旨在提升家长管教子女的技巧,在一次组员分享活动中,组员甲说:“我觉得自己真失败,根本无法成为一个好妈妈。”组员乙说:“我也有同样感觉,当一个好家长太难,真是力不从心。”组员丙接着说:“我觉得这个社会的问题太多,我不知道怎么才能成为好爸爸。”此时,社会工作者拟用提问技巧深入了解原因,其适当的表述是(　　)。(真题)

A.“你们的发言好像跑题了,让我们回到主题好吗?”

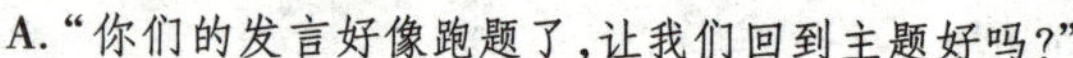

B.“你们的发言各有各的道理,家家都有一本难念的经,是不是这样?”

C.“你们的发言说到想做个好爸爸好妈妈真不容易,我们在下周小组活动中将重点讨论这个问题。”

D.“你们的发言说到各种感觉,能不能描述一下让你们产生这种感觉的具体心情?”

微信扫描

【答案】D

【单选题】在一节小组活动中,组员小莫正分享他的故事,已经讲了大约10分钟。组员小欢打断了他,“你讲的时间太长了,为什么你每次讲话都只想到你自己,从来不顾及我们的感受?”小欢的话令小莫感到愕然。小组随即一片沉默。此时社会工作者最适宜的回应是(　　)。(真题)

A. 小欢,我知道你的意思,但是你是否觉得你这样说话会伤害小莫呢?

B. 小莫,对不起,小组是大家的,用来解决这个问题不适合,你的分享时间有些长了。

C. 谢谢小莫与我们的分享!对小欢的意见我们待会再讨论。下面,我们先听其他组员的分享,好吗?

D. 是的,这确实是这一段我们小组要注意的问题。不过小欢已经提出来了,小莫好像也已经意识到了,那我继续往下进行吧。

【答案】C

【单选题】在某小组活动中,社会工作者小张发现组员小菲性格内向,从不主动发言。小张每次在小组活动时都会寻找合适的机会引导小菲发言。小菲发言时,小张会投以温暖和支持的目光,并不时地点头,有时还说:“嗯,不错!”在上述过程中,小张采用的技巧是(　　)。(真题)

A. 鼓励　　B. 重述　　C. 摘述　　D. 聚焦

【答案】A

三、小组活动的设计技巧(重点掌握)

考查年份:2013 年、2016～2019 年。基本属于必考点,通常会出 1 道多选题。主要考查方向为:小组活动设计要素和设置经验分享环节。

项 目	内 容
扣紧小组目标	小组目标是社会工作者在设计小组活动方案时首要考虑的因素
考虑组员的特征及能力	(1)综合分析每一位组员的生理、心理、情绪、教育程度等个体性特征 (2)认识和把握组员的社会关系背景及文化背景 (3)了解其以往的成长经历及成长过程中的主要问题
小组活动的基本要素	(1)小组活动的目标,包括总体性目标(最终目标)和阶段性目标 (2)小组活动的参与者,包括年龄、性别、职业、文化背景等 (3)小组活动的规模,即参加的人数多寡 (4)小组活动的时间分配 (5)组员的角色扮演和角色互换 (6)小组活动的环境设计,包括活动场地、设施等 (7)小组活动的资源供应与经费预算 (8)小组活动的强度分布 (9)小组活动的预期结果 (10)防止和处理意外事件的预案 (11)总结与奖励
经验分享环节	在制作小组活动方案时,需要制定经验分享环节,预留时间给组员分享经验,发表参与活动的感受,讨论成长的经验,总结有益的启示

母题精选

【多选题】在设计小组活动时,社会工作者应该考虑的要素有(　　)。(真题)

A. 紧扣小组目标　　B. 组员的特征和能力

C. 经验分享环节　　D. 社会工作者的喜好

E. 小组活动的基本要素

【答案】 ABCE

四、评估技巧(熟悉)

考查年份:2015 年、2019 年。在历年考试考查较少,偶尔会出 1 道多选题。考生重点学习小组需求评估的相关内容。

(一)小组工作的评估类型

内 容	分 类	
研究方法	过程评估	过程评估又称形成性评估,指的是对小组的整个过程进行全程评估。评估的内容包括组员的表现评估、社会工作者的表现和技巧评估等
	结果评估	对小组的结果进行评估,通常在小组结束时进行

续上表

内　容	分　类	
工作方法	组前计划评估	(1)组前计划评估是评估小组的设计和计划过程。主要包括收集相关资料 (2)在进行组前计划评估时,社会工作者需要掌握的信息包括:组员是否自愿参加小组;组员参加小组的动机;组员各自的能力;是否能够帮助小组实现目标等
	小组的需求评估	(1)小组需求评估中,社会工作者考虑的因素有:小组整体需求、组员的需求和小组的环境需求 (2)需求评估的注意事项:①利用多种渠道收集资料,以保证资料的客观性和准确性;②避免在需求评估中,给组员贴上诊断性标签;③明确评估重点
	小组的过程评估	小组过程评估需要注意以下两点 (1)评估内容需要根据小组的目标和进程来决定 (2)常用的收集资料方法有:标准化测量工具(问卷和量表)、自我报告、行为计量表、口头意见回馈、日记和日志、社会工作者的观察记录、小组过程记录、总结记录、书面评估表、组员作业和作品等
	小组的效果评估	常用的方法有:小组结束后的跟进访谈、组员的自我评估报告、小组目标达成表、小组满意度量表、小组感受卡、小组领导技巧记录表等

母题精选

【多选题】某社区老人活动中心拟开展老年人电脑兴趣小组服务。为设计出有效的服务计划,社会工作者首先要对小组需求进行评估,其应该考虑的因素有(　　)。(真题)

A. 组员参加小组的动机　　B. 小组的整体需求

C. 组员的需求　　D. 小组的环境需求

E. 组员的能力

微信扫描

【答案】　BCD

(二)评估的一般流程

项　目	内　容
评估的一般流程	(1)评估方案的制订 (2)评估体系的建立。包括5个部分:过程方面、组员方面、社工方面、效能方面和方案方面 (3)各评估要素之间的联系 (4)按照评估流程实施评估 (5)评估后审核 (6)编写评估报告

（三）评估资料的收集

项　目	内　容
测量工具的选择	在小组评估中，对小组过程中诸要素的测量包括定量研究方法和质性研究方法。常用的测量工具如下 (1)小组记录。记录小组每次聚会的活动过程。记录方式有过程式记录、摘要式记录、问题导向记录、录音和录像等 (2)个人自我报告。组员以手写或口头方式呈现的自我评价报告 (3)分析报告。对与小组有关的各类报告分析，提供与小组进程有关的资料 (4)目标达成量表（GAS）、任务完成量表（TAS）和心理测量量表等
资料收集考虑的因素	(1)资料来源的多样性 (2)收集资料的方法：①定量研究方法，使用标准化测量工具，对目标行为进行量化；②质性方法，通过访谈、直接和间接观察的方法来收集资料 (3)谁来做评估。由主持小组之外的人，如老师、督导等来进行测量比较客观
资料收集中常见的问题	(1)组员与社会工作者之间的关系。社会工作者尽量不要参与评估资料的收集 (2)非干扰性观察与干扰性观察 ①非干扰性观察指的是观察者融于观察群体之中，他的观察行为和记录，完全不被观察者知道 ②干扰性观察指观察者知道被观察，这种观察会对观察结果的信度产生一定的影响

(1)～(3)属于质性研究方法；(4)属于定量研究方法。

章节练习

手机微信扫描【章节练习】旁边的二维码或电脑浏览器打开 https://shegong.ek100.cn/即可进入智能题库进行章节练习。

第六章　社区工作方法

• 本章应试分析

本章首先介绍了社区工作的含义、特点和目标，然后分别阐述了社区工作的 3 大模式，社区工作各阶段的工作重点及社区工作的常用技巧。在历年考试中，本章涉及分值约为 14 分，一般会出现 8 道单选题，3 道多选题。

考生在学习本章内容时，重要的知识点一定要掌握，并且要熟悉相关知识点的考查形式，在理解、掌握知识点的基础上能够灵活运用。

• 思维导图

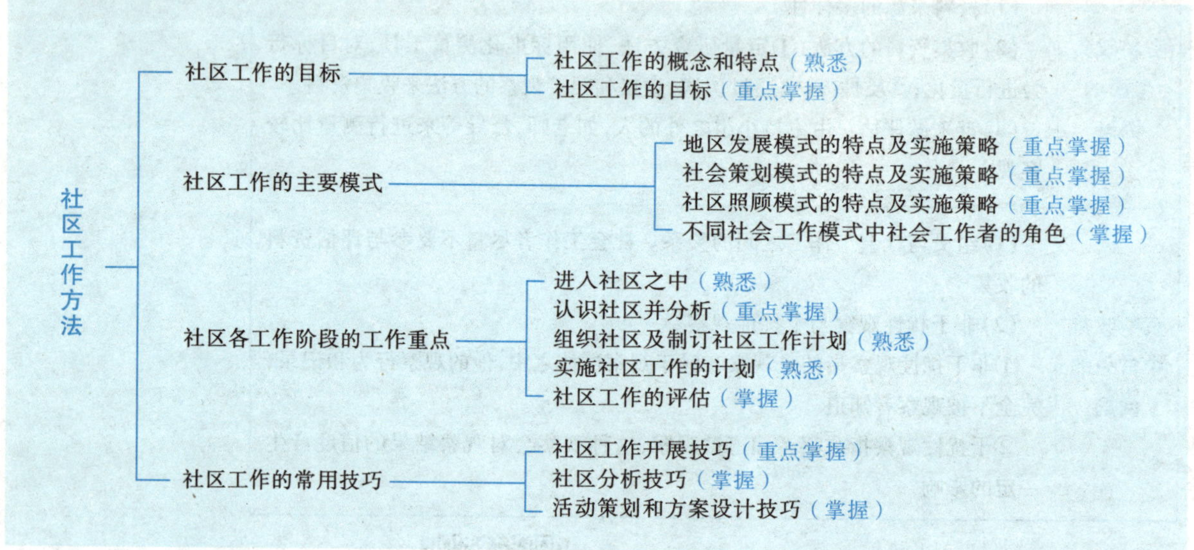

• 名师同步精讲

第一节　社区工作的目标

一、社区工作的概念和特点（熟悉）

项　目	内　容
概念	社区工作是以社区为对象的社会工作介入手法
特点	与个案工作、小组工作方法相比，社区工作方法的特点如下 （1）分析问题的视角更加趋于结构取向。社区工作认为问题的产生与社区周围的环境、社会制度及整个社会密切相关

名师指导

考查年份：2016 年、2018 年。本考点在考试中考查不多。主要考查方向为：社区工作的特点。

续上表

项　目	内　容
特点	(2)介入问题的层面更为宏观。社区工作方法认为政府和社区有责任提供资源,从而协助处理和解决问题 (3)具有政治性 (4)富有批判和反思精神

母题精选

【多选题】与个案工作、小组工作方法相比，社区工作方法的特点有(　　)。(真题)

A. 对家庭问题的治疗性

B. 分析视角的结构性

C. 对现有制度的反思性

D. 工作内容的政治性

E. 介入问题的宏观性

【答案】 BCDE

二、社区工作的目标(重点掌握)

项　目	内　容
目标分类	美国社区工作专家罗斯曼(J. Rothman)把社区工作的目标分为任务目标和过程目标 (1)任务目标。指解决一些特定的社会问题,包括完成一项具体的工作,满足社区需要,达到一定的社会福利目标。如社区卫生问题、安置无家可归者等 (2)过程目标。指促进社区居民的一般能力。如提升社区居民解决社区问题的能力,增强居民信心和技巧,发现和培育社区居民骨干参与社区事务,建立社区内不同群体的合作关系等
具体目标	(1)推动社区居民参与 (2)提高社区居民的社会意识 (3)善用社区资源,满足社区需求 (4)培养相互关怀和社区照顾的美德

考查年份：2012～2015 年、2017 年、2019 年。本考点在考试中考查次数较多，基本属于必考点。主要考查方向为：①任务目标和过程目标的区别；②社区工作的具体目标(概念型考核)。

考生要把握任务目标和过程目标的区别。任务目标在于解决问题，过程目标则强调提升能力。考查形式通常是给出具体案例，让考生判断选项中属于任务目标(或过程目标)的是哪些。

母题精选

【单选题】在社区工作中，社会工作者通过多种途径加强社区居民对自身权利和义务的了解，提升居民解决社区问题的信心，提高居民参与社区事务的能力，这反映了社会工作中的(　　)。(真题)

A. 过程目标　　B. 任务目标

C. 伦理目标　　D. 评估目标

【答案】 A

【单选题】某社区长期存在停车秩序混乱的问题，居民意见很大。社会工作者老林多次联络辖区内的公安、消防、物业等部门协商解决问题，社区的停车秩序日趋好转，居民之间因停车问题产生的纠纷也逐渐减少。老林的上述工作体现了社区工作中(　　)的目标。

A. 提高居民社会意识　　B. 推动居民参与

C. 善用社区资源，满足社区需求　　D. 培养人文关怀

【答案】 C

第二节　社区工作的主要模式

一、地区发展模式的特点及实施策略(重点掌握)

项　目	内　容
含义	(1)地区发展模式是社会工作者协助社区成员分析问题，发挥其自主性的工作过程 (2)目的：提高社区成员及地区团体对社区的认同，鼓励社区成员通过自助互助解决社区问题
特点	(1)较多关注社区共同性问题 (2)通过建立社区自主能力来实现社区的重新整合 (3)过程目标的重要性超过任务目标 (4)特别重视居民的参与
实施策略	(1)促进居民的个人发展。针对社区居民之间的冷漠和疏离所采取的策略 (2)团结邻里。针对社区中部分邻里关系不良而采取的策略 (3)社区教育。解决的是居民对社区资源不熟悉、对社区认同感不强的问题以及培养居民骨干 (4)提供服务和发展资源。解决社区服务和社区资源缺乏的问题 (5)社区参与。解决社区面对的部分共同问题(如环境、设施等)

考查年份：2012～2013年、2015～2016年、2018年。基本属于必考点。考查形式一般为识记型与理解型两种。主要考查方向为：①地区发展模式的特点；②地区发展模式的实施策略(难点)。

共同性问题：对社区中绝大部分居民的生活造成影响的问题。

掌握地区发展模式的5个实施策略，同时要理解每个策略针对的具体问题。

母题精选

【单选题】社会工作者小陶打算利用地区发展模式在一个新建小区开展社区工作。小陶在接触居民时，了解到有些居民反映小区的交通不便，希望有公交线路经过小区。小陶对此也深有体会，小陶的下列做法中，体现地区发展模式特点的是(　　)。(真题)

A. 让居民通过充分的讨论来分析交通不便问题的重要性和紧迫性

B. 联系公交公司和有关政府部门重新规划本地区的公交线路

C. 代表居民向公交公司和有关政府部门反映问题

D. 告知居民该问题难以得到迅速解决并提出替代性的解决方案

【答案】 A

【多选题】地区发展模式所采用的实施策略包括(　　)。(真题)

A. 促进居民的个人发展

B. 依靠专家的知识分析社区问题

C. 发现和培养居民骨干

D. 加强邻里沟通、改善邻里关系

E. 教育居民如何使用社区资源

微信扫描

【答案】 ACDE

【单选题】关于地区发展模式的说法,正确的是(　　)。

A. 地区发展模式强调运用专业知识、科学决策、理性推动社区改变

B. 地区发展模式致力于促进居民参与,通过自助和互助解决社区问题

C. 地区发展模式重视动员亲戚、朋友、邻里和志愿者沟通,关怀社区困难群体

D. 地区发展模式强调社会工作者的核心工作是社区资料收集、事实分析和方案决策

微信扫描

【答案】 B

二、社会策划模式的特点及实施策略(重点掌握)

考查年份:2012～2016年、2018年。基本属于必考点,基本上每年都会出1～2道单选题,且多为理解性题目。主要考查方向为:社区策划模式的特点与实施策略。

项　目	内　容
含义	社会策划模式是指在了解社区问题的基础上,依靠专家的意见和知识,通过理性、客观和系统化的分析,对解决社区问题的过程和方法进行计划的工作模式
特点	(1)注重任务目标的实现 (2)强调运用理性原则处理问题。强调过程的理性化和方法的科学化 (3)注重由上而下的改变。社区工作者扮演专家的角色,运用知识、科学的决策能力及其权威,推动、策划改变 (4)控制和指导社区未来变化。社会策划通过分析现在和过去的资料,预知事件并设计对策,降低社区未来变化的不稳定性
实施策略	(1)了解组织的使命和目标 (2)分析环境和形势。分析可能面对的机会和挑战 (3)自我评估。分析所属社会服务机构的优点和不足,确定服务目标,界定工作范围 (4)界定和分析问题。了解社区问题的现状、特点及形成原因,认识社区问题的严重性 (5)确定社区需要。评估需要的方法包括:①参与性方法;②社会指标方法;③服务使用情况方法;④社区调查方法 (6)确定目标和达成目标的标准 (7)寻找、比较并选择较好的方案 (8)测试方案 (9)执行方案 (10)评估结果

母题精选

【单选题】社会策划模式实施策略中,自我评估的内容是(　　)。(真题)

A. 寻找既有解决问题手段的缺失

B. 比较所有达到目标的可行性方案

C. 了解对计划有影响的人士和团体

D. 分析所属社会服务机构的优点和不足

【答案】D

【单选题】社会策划模式的实施策略强调完整地执行一个策划过程,在完成"了解服务机构使命和目标"这一工作步骤后,需要对环境和形势进行分析,其分析的重点内容应是(　　)。(真题)

A. 社会工作服务机构的优点和不足

B. 现行服务手段的利与弊

C. 社区需求的界定和评估

D. 方案面对的机会和挑战

微信扫描

【答案】D

三、社区照顾模式的特点及实施策略(重点掌握)

项　目	内　容
含义	社区照顾模式是社会工作者动员社区资源,运用非正规支援网络,联合正规服务机构提供支援服务与设施,让有需要照顾的人士在家里或社区中得到照顾的工作模式
特点	(1)协助服务对象正常地融入社区 (2)强调社区责任 (3)强调非正式照顾的作用 (4)提倡建立相互关怀的社区
实施策略	(1)在社区照顾。将一些服务对象留在社区内开展服务,即指有需要及依赖外来照顾的弱势人士,在社区的小型服务机构或住所中获得专业人员的照顾 (2)由社区照顾。由家庭、亲友、邻里、志愿者等提供照顾和服务。强调非正式照顾。重点是积极协助困难群体和有需要的人士在社区中重新建立支持网络。网络的分类如下 ①提供直接服务的网络。多以地域社区为基础;在同一社区内动员亲人、邻居、居民组织或志愿者等去关怀社区内有需要的人士 ②服务对象自身的互助网络。助人自助;以同一类型的服务对象为主体 举例:糖尿病互助小组、癌症病人互助小组等 ③社区紧急支援网络。帮助个人及家庭预防突发事故或危机而建立的 举例:独居老人的电铃呼叫系统、社区综合治安巡逻等

考查年份:2012～2019年。属于必考点,每年都会出1～2道单选题或多选题。主要考查方向为:社区照顾模式的特点以及实施策略。尤其是实施策略,考查频率更高,且多为理解性题目,考生在复习时需要在理解的基础上进行记忆。

非正式照顾:由家庭、亲朋好友、邻居提供的关照。

此处为重要知识点。考生需要注意区分在社区照顾、由社区照顾、对社区照顾及整合式社区照顾的具体含义与应用,不能混淆。

续上表

项目	内容
实施策略	(3)对社区照顾(正规照顾和非正规照顾相互融合):英国学者沃克认为,要成功地进行社区照顾,单靠社区和家人的力量是不够的,还需要重组的支援性社区辅助服务 举例:日间医院、日间护理中心、家务护理、康复护士、多元化的老人社区服务中心、暂托服务、关怀访问及定期的电话慰问等 (4)整合式社区照顾:正式照顾与非正式照顾相结合 ①非正式照顾通常是由服务对象的家人、朋友、邻居来承担的 ②正式照顾通常由政府部门、非营利的社会组织和市场上的营利性机构提供,其对象包括服务对象及其照顾者

母题精选

【单选题】社会工作服务机构运用社区照顾模式为高龄老人提供服务。下列做法中,最能体现"对社区照顾"服务策略的是( )。(真题)

A. 动员志愿者帮助老人打扫卫生
B. 为老人在社区建立日间照料中心
C. 为老人申请在家中安装电铃呼叫系统
D. 建立同一类型的慢性病患者互助小组

【答案】 B

【单选题】在整合式社区照顾模式中,社会工作者致力于通过发展整合正式照顾和非正式照顾的资源,帮助服务对象增强社会支持网络。下列服务中,属于发展"非正式照顾"资源的方法是( )。(真题)

A. 协助服务对象成立互助小组
B. 倡导街道建立老人日间照顾中心
C. 协调养老服务联盟为老人提供送餐服务
D. 联络养老服务组织开展入户探访服务

【答案】 A

【多选题】下列做法中,属于社区照顾模式实施策略的有( )。(真题)

A. 为服务对象的照顾者提供支援服务
B. 动员服务对象的亲朋邻里提供支持
C. 邀请辖区单位加入为服务对象建立支持网络
D. 将服务对象集中到一起,建立大型养老服务机构
E. 通过"去专业化",保证服务对象留在熟悉的社区

【答案】 ABCE

【单选题】某社区为了更好地服务于老年人,组织一些有闲暇时间、身体健康的居民成立了居家养老互助合作社,无偿或低偿帮助社区内的高龄老人。从社区照顾模式的实施策略角度看,上述做法旨在建立( )。

A. 直接服务网络
B. 社区紧急支援网络
C. 间接服务网络
D. 服务对象自助网络

【答案】 A

四、不同社会工作模式中社会工作者的角色(掌握)

项 目	内 容
地区发展模式	使能者;教育者;中介者;协调者
社会策划模式	(1)技术专家。包括收集社区资料,进行社区分析和诊断、社会调查,对服务进行策划、组织运作和评估等 (2)方案实施者。执行有关方案,与有关机构、团体保持良好关系
社区照顾模式	(1)治疗者。为个别服务对象提供行为治疗或其他心理治疗,也开展家庭治疗和小组治疗 (2)辅导者和教育者。为照顾者提供辅导服务,为照顾者小组提供训练课程,教授有关的照顾技巧 (3)经纪人。①为服务对象寻找有关的服务,如为智障儿童寻找特殊学校;②为照顾者小组的活动寻找社区资源,如活动场地;③向照顾者小组提供财政或社区资源的资料和申请渠道等 (4)倡议者。①为较为特殊的服务对象倡议和争取合适的服务;②替照顾者向有关方面提出意见和争取改善措施;③对照顾者进行教育和培训,鼓励其自主争取权益 (5)顾问。就服务对象的情况向有关服务机构提供意见

考查年份:2013 年、2015 年、2019 年。属于常考点,考查形式多为给出具体案例,让考生判断案例中社会工作者所扮演的角色。主要考查方向为:社会策划模式和社区照顾模式中社会工作者扮演的角色。

社区照顾模式中,社会工作者的服务对象:①需要照顾的服务对象;②给这些对象提供照顾的人(家庭内的照顾者)。

母题精选

【单选题】在社区照顾模式理念的指导下,社会工作者为残障儿童联系特殊学校,协助其接受文化教育,实现平等参与社会的目标。在这一服务中,社会工作者扮演的角色主要是(　　)。(真题)

A. 治疗者　　B. 使能者　　C. 经纪人　　D. 教育者

【答案】C

第三节　社区各工作阶段的工作重点

一、进入社区之中(熟悉)

项 目	内 容
进入社区之前的准备	(1)了解自己所任职的机构 (2)了解机构分工及自身工作内容 (3)认识同事
进入社区的方式	(1)积极参与社区重要活动 (2)主办社区活动 (3)积极介入社区事务。多参与并出席相关会议,提出自己的建议或意见

考查年份:2017 年、2019 年。本考点在考试中考查较少,一般会以案例的形式出现,考查考生能否将理论转化为实践。主要考查方向为:进入社区的方式。

续上表

项　目	内　容
进入社区的方式	(4)经常出现在社区居民之中。对于骨干或“重点”居民，社会工作者可登门拜访 (5)报道社区活动。及时发布本机构在社区的最新信息和所开展的活动

母题精选

【多选题】社会工作者小路被机构派驻到某社区工作，他目前的首要任务是尽快进入社区，同时让合作伙伴和居民认识自己，为此，小路采取的恰当做法有(　　)。(真题)

A. 旁听社区议事协商会议　　B. 参与筹备社区广场舞比赛

C. 邀请新闻媒体报道社区居委会换届　　D. 发现和培育社区居民骨干

E. 和社区居委会工作人员一起上门探访居民

【答案】 ABE

二、认识社区并分析(重点掌握)

考查年份：2012～2017年、2019年。基本属于必考点，每年基本上都会出现1～2道单选题或多选题。主要考查形式为通过案例的分析，让考生判断属于哪一项分析的具体项目。主要考查方向为：社区基本情况分析、社区问题分析以及社区需要分析的具体内容。

项　目	内　容
社区基本情况分析	(1)地理环境。区位与边界、环境设计与土地使用、交通、基础设施、社会服务、商业服务和经济情况等 (2)人口状况。社区内的总人口数、性别比例、年龄分布、居住群体的特征 (3)社区资源。社区里的公共设施、教育机构、医疗单位、社区组织、金融机构、商业场所等 (4)权力机构。辖区单位、业主委员会、物业管理公司、社会团体、居民的自助小组和互助小组等 (5)文化特色。文化价值、传统或信念；习俗或者活动
社区问题分析	(1)描述问题(起点)。弄清问题的表现或者症状 (2)界定问题。明确问题的性质，为解决问题提供方向(如“停车难”问题的定性) (3)明确问题范围。判断问题的大小和严重程度。社会工作者可从受影响的居民人数、具体受到哪些影响、问题持续的时间等因素来分析问题所波及的范围 (4)问题的起源和动力。发掘和思考解决问题可能的动力因素
社区需要分析	英国学者布赖德·肖总结了4种社区需要 (1)规范性需要。专业人员、行政人员或专家学者依据专业知识和现有规定或规范，所指出的特定需要标准 (2)感觉性需要。当个人被问及是否需要某一特定服务时的反应是感觉性需要

区分4种社区需要：规范性需要——专家指出；感觉性需要——自我感觉；表达性需要——通过行动去争取；比较性需要——与别人比较。

续上表

项　目	内　容
社区需要分析	(3)表达性需要。当个人把自身的感觉性需要通过行动来表达和展现时,即成为表达性需要。表达性需要来自个人和团体 (4)比较性需要。基于与某种事物所作的比较产生需要,可以由居民(或专家)提出

母题精选

【单选题】家住北城的王大妈,最近到南城亲戚家串门,发现当地政府出资建了一个居家养老中心为老人提供送餐、免费量血压等服务。王大妈觉得自己的社区也应该建这样的中心,于是联合本社区老人提出建议。根据需求的类型判断,王大妈和其他老人们反映的是(　　)。(真题)

A. 规范性需求　　B. 感觉性需求　　C. 比较性需求　　D. 表达性需求

【答案】C

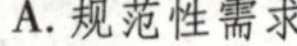

【单选题】某社会工作服务机构的社会工作者计划在某社区开展专业服务。他们访问了5位在社区工作多年的居委会工作人员。一方面了解辖区单位、业主委员会、社区社会组织的状况,另一方面了解楼长和居民骨干的情况。上述社会工作者的做法主要旨在分析(　　)。(真题)

A. 社区的地理环境　　B. 社区的权力结构　　C. 社区的文化特色　　D. 社区的人口结构

微信扫描

【答案】B

【单选题】某临街小区的居民向社会工作者老钱抱怨单元门门禁年久失修,给居民生活带来安全隐患。老钱为此检查了整个社区的单元门门禁状况,并向其他居民了解情况。他发现除了门禁问题外,还有乱贴小广告、随地便溺等状况,很多居民都有意见。从社区问题分析的角度来看,老钱的上述做法最有助于(　　)。(真题)

A. 界定问题的性质　　B. 明确问题的范围　　C. 发掘问题的起源　　D. 寻找解决的方案

【答案】B

【单选题】社会工作者小关针对社区中"停车难"问题召开居民会议,引导居民就"停车难"问题的"严重性"和"紧迫性"进行了讨论。从社区分析的角度看,小关的做法属于(　　)。(真题)

A. 探寻问题起源　　B. 界定问题　　C. 明确问题范围　　D. 描述问题

【答案】B

三、组织社区及制订社区工作计划(熟悉)

考查年份:2018～2019年。本考点在考试中考查不多,一般会出1道题。考生注意理解SWOT分析法。

项　目	内　容
组织社区	(1)建立社区组织。招收成员;订立组织规则;推选领导者;建立工作小组;筹措经费 (2)管理社区组织。服务规划;行销管理;财务管理;人力资源管理;研究与发展
制订社区工作计划	(1)明确目标。目标的构成;目标制定原则(社区参与和社区自决) (2)制定策略 ①策略的提出。头脑风暴法(每个人都要提出意见,并尽情表达) ②策略的评估。三个指标(符合性、可接受性、可行性)

续上表

项　目	内　容
制订社区工作计划	③策略的筛选。SWOT 分析法(S 和 W 分别代表社会工作者及所在机构的优势和不足;O 和 T 分别代表外部环境中存在的机会和威胁) (3)设计方案。方案计划书的内容(工作目标、工作内容、工作时间、工作地点、工作人员、服务对象、工作方法、预算、预案等)

四、实施社区工作的计划(熟悉)

考查年份:2015 年、2018 年。本考点在考试中考查较少,只偶尔会出 1 道题。考生需要重点理解资源分析、资源开发、资源连接和资源维系的相关内容。

项　目	内　容
管理社区资源	(1)对资源现状的分析 (2)资源开发 ①志愿者的招募。已有志愿者或社区团体招募;发布广告、张贴海报、散发宣传单等 ②活动经费的筹措。寻找赞助、私人劝募、公益募款等 (3)资源连接 ①正式连接。拥有资源的各方通过会议、契约、合同等正式的方式相互交换资源 ②非正式连接。依靠平常的交情等非正式方式形成的资源交换 (4)资源维系。应遵循的原则如下 ①以社区需要为前提,不浪费或闲置资源 ②多方寻求资源。不要单纯依靠个人或机构的力量,防止对其带来过重的负担,而影响其正常生活和工作的开展 ③资源使用公开透明 ④与资源提供者建立良好稳定的关系 ⑤加强对资源的统筹协调,减少重复使用,发挥资源的整合性效果
执行工作方案	(1)筹备阶段。确认工作中将要涉及的所有环节,并对人员进行相应的分工,明确各自的职责和归属 (2)开展阶段。按照计划好的工作方案稳步推进的过程 (3)结束阶段。建立工作档案,进行经费结算,撰写工作总结,反思工作得失

母题精选

【多选题】为了提升居民对社区公共环境的关注。社会工作者小余在社区开展了一项“社区随手拍”活动,鼓励居民将自己看到的社区环境中的亮点和问题用手机拍下来上传给社区,并定期将居民的作品制作成海报,张贴在社区宣传栏内。小余发现整理照片需要大量人手,洗印照片和制作海报也需要一笔费用。为了实施这项活动,从社区资源开发的角度,小余可以进行的工作有(　　)。(真题)

A. 联络社区团体和组织,协助招募活动的志愿者

B. 发布社区活动广告,从居民中直接招募志愿者

C. 走访自己熟悉的社区商户,鼓励他们为活动捐款

D. 向所在区政府申请经费,为活动提供全程赞助

E. 申请机构专门款项,购买一台用于活动的照片打印机

【答案】 ABCD

五、社区工作的评估（掌握）

项　目	内　容
评估分类	(1)过程评估。评估工作过程的质与量，重点在于对有关的工作过程进行描述（投入的资源和人员配置、一系列工作的优先次序、各个程序的进展状况等） (2)成果评估。考察工作成果在多大程度上实现了预定的目标 (3)效益评估。注重服务的成本收益分析，关注工作成果与付出的代价孰大孰小
评估步骤	(1)明确评估目标 (2)建立测评标准。将目标转换成可以观察和测量的指标 (3)设计评估研究方案。需要考虑的问题有：①测评时应包括的要素；②是否设置对照组；③测评的时机；④测评的次数

考查年份：2016～2018年。本考点为近两年的常考点，一般会出现1道单选题。主要考查方向为：3种评估，即过程评估、成果评估以及效益评估。

考查形式一般是给出具体案例，判断属于哪种评估方式或者通过案例形式考查3种评估方式的具体内容。

母题精选

【单选题】某社会工作服务机构受政府委托对某社区精神健康服务项目进行评估。社会工作者向项目承接机构了解该项目的人员配备情况，并对照项目方案考查活动开展的次数、频率等。上述工作属于社区评估中的(　　)。(真题)

A. 成果评估　　B. 过程评估　　C. 影响评估　　D. 需求评估

【答案】B

第四节　社区工作的常用技巧

一、社区工作开展技巧（重点掌握）

考查年份：2012～2019年。属于必考点，基本上每年都会出现1～2道单选题或多选题。主要考查方向为：①与社区居民接触的技巧；②会议的过程；③主持会议的技巧；④居民骨干培养技巧（重中之重）。

（一）与社区居民接触过程中的技巧

项　目		内　容
一般技巧	自我介绍	找"熟人"引见；将自己与居民联系起来，或主动发放实用资料以增强信任关系
	展开话题	提一些普通、容易回答的问题；避免直接问敏感的话题；可以用周围环境和正在发生的事情展开话题
	维持对话	运用多种技巧维持对话，如聆听、同理、体谅、分享感受、澄清、寻找和提供资料等
	结束对话	初次接触宜短不宜长，结束谈话时要注意以下几点 (1)感谢居民对社会工作者的信任，感谢居民提供了有价值的信息和资料 (2)总结彼此的谈话，给予积极反馈 (3)留下自己和机构的联系方式，鼓励居民主动联系自己

续上表

项　目	内　容
以招募为目的的技巧	（1）介入点：居民的需要和问题 （2）技巧：探索感受、反映感受、重述、鼓动等 （3）以自然合理的方式使招募对象了解到基本信息 （4）结束谈话后，社会工作者应该及时跟进对社区居民在谈话过程中所作出的承诺

母题精选

【多选题】居民是社区工作中最有价值的资源，与居民初次接触时，社会工作者要介绍自己的情况和机构的任务，听取居民的意见等。在结束谈话时，社会工作者适宜的做法有（　　）。（真题）

A. 总结彼此的谈话，给予积极反馈

B. 通过对质，帮助居民明确社区问题

C. 感谢居民提供了有价值的信息和资料

D. 主动发放活动资料让居民知晓，以增进信任

E. 留下自己和机构的联系方式，鼓励居民主动联系自己

【答案】　ACE

（二）会议技巧

1. 会议过程的工作内容

项　目	内　容
会议前	（1）明确开会目的，准备会议议程和会议所需文件资料，邀请和确保会议关键人物出席，布置会场、设备准备和座位安排 （2）社会工作者要提前到达场地检查设备，通知或提醒重要参会者出席会议，与先到会场的居民打招呼、谈话，营造亲切气氛 （3）会议应尽量准时开始，如果居民尚未到齐，可以将重要事项延后讨论
会议中	（1）按照会议议程逐项讨论，严格掌握每项议程的时间分配，适当分配发言和讨论的时间 （2）主持人不要急于自己回应对与会者的意见，应抛给大家讨论 （3）主持人要保持客观、中立的态度，不强迫与会者接受自己的意见 （4）如果讨论已经成熟，要协助与会者作出决定，让与会者对决定的优劣之处进行充分讨论，尽量达成共识，不要太快采取投票表决 （5）会议中要有集体气氛，鼓励更多居民表达意见 （6）会议要有效率，时间不要太长 （7）会议结束前，作简短总结

会议4个阶段的工作内容有时会结合在一起进行考查，考生对每个会议阶段的内容理解掌握才能准确答题。在记忆时，注意对比4个工作阶段的内容的区别。

续上表

项　目	内　容
会议后	(1)让所有与会者清楚会议决定 (2)着手立即要做的工作,把重要内容和决定告诉没参加会议的人 (3)做好会议记录,并分发给有关人员
行动	(1)根据会议的决定,落实工作 (2)若有突发情况,则考虑召开紧急会议或征询意见 (3)及时将工作进展告诉居民

2. 主持会议的技巧

项　目	内　容
提问和邀请发言	(1)社会工作者可以向全体与会者提问,鼓励自由发言,提高与会者的参与程度 (2)当需要特定人士的意见或阻止个别人垄断发言机会时,可以通过个别点名的方式提问和邀请发言
进一步说明和转述	(1)进一步说明。与会者表达的意见不明确或不完整时,社会工作者帮助其进一步说明 (2)转述。用自己的话将发言者的意见精简地表达出来
聚焦	与会者在讨论的过程中,出现离题或纠缠于枝节问题等情况,社会工作者可以运用聚焦的技巧,将会议带回既定议程
摘要、综合和总结	(1)摘要。即简化长篇发言,归纳讨论的意见 (2)综合。即综合各方意见,找出共同点,降低分歧 (3)总结。即复述之前所讨论的意见、观点和决定
关注、赞赏和鼓励	采用积极的态度和语言,鼓励与会者多发言,让他们感觉受到重视

主持会议的技巧需要理解并掌握。考查内容比较细致。考查形式主要有两种:①判断案例中社会工作者使用了什么技巧;②案例中社会工作者合适的做法是什么。

母题精选

【单选题】社会工作者老刘正在主持一个居民会议。居民王先生讲述了自己在小区内与外来车辆争停车位的经历,对外来车辆不受限制地进入小区停车表达了不满。王先生发言之后,老刘说:"您的想法是小区应更好地保障业主的优先停车权。"老刘所使用的技巧是(　　)。(真题)

A. 总结　　B. 转述　　C. 聚焦　　D. 综合

【答案】B

【单选题】某社会工作者主持召开居民会议，讨论社区无障碍设施建设和社区安保工作。下列该社会工作者主持会议的做法中，适宜的是(　　)。(真题)

A. 无论居民是否到齐，都要严格执行会议既定议程

B. 严格控制每项议程的时间，对与会者意见作出迅速回应

C. 会议讨论中一旦出现分歧，就采取投票表决作出决定

D. 在会议结束之前做简短总结，让居民看到会议的成效

微信扫描

【答案】 D

【多选题】社会工作者老魏正在主持居民会议，了解居民对社区事务的意见和建议。会议中，老魏对居民说："大家刚才都说得很好，现在意见主要集中在买菜不方便和路面容易积水这两个问题上，大家还有没有其他方面的问题想要反映？"老魏这段话中运用的主持会议技巧有(　　)。(真题)

A. 关注、中立和限制

B. 关注、赞赏和鼓励

C. 提问和邀请发言

D. 摘要、综合和总结

E. 进一步说明和转述

微信扫描

【答案】 BCD

(三)居民骨干培养技巧

居民骨干的培养技巧是重点掌握的内容，在近几年的考试中基本上每年都会出现，主要通过案例的形式出现，考查对居民骨干培养技巧的理解和应用。

项　目	内　容
鼓励参与	主动邀请；鼓励和肯定；灌输"当家作主"理念
建立民主领导风格	培养居民骨干民主意识，注重从居民意见和利益出发，尊重少数意见，鼓励居民共同协商处理社区问题
培训工作技巧	帮助居民骨干从实践中学习，吸收知识与经验
增强管理能力	(1)问题：居民骨干缺乏管理知识，依靠热情工作，不懂权责分工，包揽工作等会造成分工不明、权责不清，居民骨干之间出现摩擦，工作效率低下等情况 (2)要求：社会工作者应加强居民骨干的权责分工意识

母题精选

【单选题】刘大姐是社区助老服务队的队长，一直受到队员的拥戴。最近刚加入的几名新队员与他在志愿服务活动形式上产生分歧，队里的气氛也因此变得有些紧张。刘大姐在与社会工作者小陈交流工作时，流露出不想让新队员参加活动的念头。此时，小陈的正确做法是(　　)。(真题)

A. 支持刘大姐关于活动形式的意见

B. 帮助刘大姐与新队员之间形成明确分工

C. 鼓励刘大姐与新队员进行充分的沟通讨论

D. 建议刘大姐以少数服从多数的原则作出决定

微信扫描

【答案】 C

【单选题】社会工作者老陆发现,社区居家养老志愿服务队队长沈大爷有时候不能及时将老人的需求变化反馈给志愿者,造成双方的不便。老陆向沈大爷了解情况,得知他最近因忙于安排协调服务队的所有人手和工作,有些顾此失彼。从居民骨干培养的角度看,老陆应该帮助沈大爷(　　)。(真题)

A. 提升民主协商能力　　B. 学习跟进动员技巧

C. 增强行政管理能力　　D. 灌输当家作主理念

【答案】C

【单选题】社会工作者小姜培养居民骨干时,注重从居民意见和利益出发,尊重少数意见,鼓励居民共同协商处理社区问题。上述做法体现的居民骨干培养工作的重点是(　　)。(真题)

A. 鼓励居民参与　　B. 建立民主领导风格

C. 增强管理能力　　D. 提升当家作主意识

【答案】B

【单选题】社会工作者小黄组织居民在社区消夏晚会上表演节目。他对蒋阿姨说:"您和其他几位阿姨平时跳的扇子舞就挺好,稍微排练一下就是个好节目,不参加演出太可惜了。"在这里,小黄运用的社区工作技巧是(　　)。

A. 探索感受　　B. 重述　　C. 展开话题　　D. 鼓励参与

【答案】D

二、社区分析技巧(掌握)

项　目	内　容
资料收集方法	(1)文献分析法。①人口普查数据;②地方志及政府相关资料;③社区居委会的工作资料;④媒体报道和评论;⑤其他个人和团体的资料(个案记录、小组活动记录、座谈记录、社区活动记录、社区网上论坛等) (2)观察法。参与式观察和非参与式观察 (3)访问法。与居民面对面谈话 (4)问卷调查法。问卷是标准化收集资料的工具,所以该方法专业性较强 (5)社区普查法。社区不大或涉及的问题明确具体
社区动力分析	(1)社区系统分析。需要关注的因素包括理念,目标,构成,资源,期望以及社区内不同体系在社区事务上的活跃程度、发展阶段、组织风格、领袖的个人风格等 (2)社区互动分析。厘清社区内各系统之间的复杂关系和互动模式,从而更有效地推进社区工作。社会各系统之间的互动关系有:交换关系;权力依赖关系;授权式关系;联盟式关系;竞争关系
社区资源分析	(1)社区资源分类:人力资源、物力资源、财力资源 (2)社区资源分析工具:社区资源分析表、社区资源地图、社区资源档案

考查年份:2016～2019年。本考点属于近年新增的知识点,在近年考试中每年会出1道题。考生要重点掌握社区资料收集的方法以及社区系统分析和社区互动分析之间的差别。

社区系统分析和社区互动分析的区别如下。

①社区系统分析侧重于对社区内部团体和组织的分析,描绘社区静态构成。

②社区互动分析侧重于对社区内组织之间互动关系进行动态分析。

母题精选

【单选题】社会工作者小韩拟采用标准化的方式收集社区内留守儿童的基本情况、生活状况和服务需求等信息。在收集资料时，小韩适宜采取的方法是(　　)。(真题)

A. 文献分析法　　B. 访问法

C. 问卷调查法　　D. 观察法

【答案】 C

三、活动策划和方案设计技巧(掌握)

考查年份：2016～2017年、2019年。本考点属于常考点。考生要学会从整体的步骤上把握活动策划的过程，学会灵活运用。

项　目	内　容
活动策划过程	(1)掌握活动的基本目标 (2)衡量服务对象的特点、需要、兴趣(居民的参与率的保证) (3)符合机构的宗旨、赞助团体的期望 (4)评估本身拥有的资源以及可以动员的资源 (5)制订初步计划(订立具体目标、确定服务对象、设计活动形式、制定活动进度表) (6)评估可行性 (7)确立详细计划(形成方案计划书) (8)预期困难及解决方法
方案计划书要素	方案名称；缘起与依据；宗旨与目的；举办单位；实施时间；实施地点；工作人员；服务对象；工作内容与工作方法；预算经费；预期效果；预案

确定目标时，需要考虑：①服务对象的特点；②组织的目的；③问题的解决；④提升居民意识。

母题精选

【单选题】某社会工作服务机构拟为某“村改居”社区设计一个服务项目。为了保证居民的参与率，该机构在项目策划时应重点(　　)。(真题)

A. 明确项目的基本目标　　B. 保证符合机构的宗旨

C. 评估可以动员的资源　　D. 关注居民需要和兴趣

【答案】 D

章节练习

手机微信扫描【章节练习】旁边的二维码或电脑浏览器打开 https://shegong.ek100.cn/即可进入智能题库进行章节练习。

第七章 社会工作行政

• 本章应试分析

本章主要介绍了社会服务方案的策划、社会服务机构的类型和运作、社会服务机构的志愿者管理和社会服务机构的筹款方式。在历年的考试中，本章涉及分值约为 10 分，通常会出 6 道单选题，2 道多选题。

本章内容较多，且有较多比较性的知识，如社会服务策划的形式、社会服务机构的类型等。考生在学习时，可以通过对比来把握它们各自的侧重点，有效地进行理解和区分。

• 思维导图

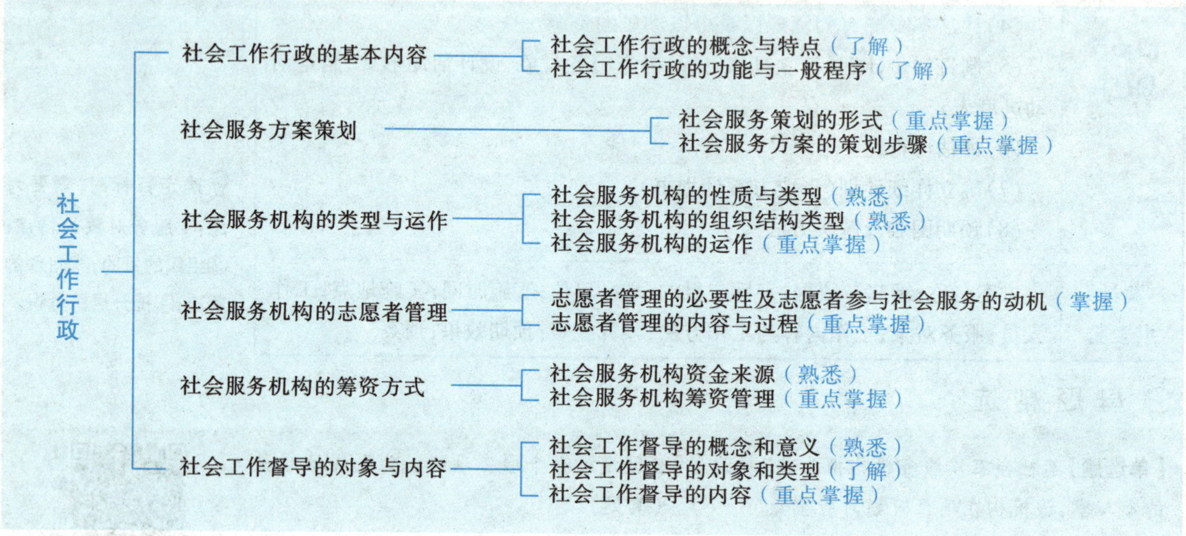

• 名师同步精讲

第一节 社会工作行政的基本内容

一、社会工作行政的概念与特点（了解）

项 目	内 容
概念	社会工作行政是一种间接的社会工作方法，是将社会政策转变为社会服务的过程
特点	(1)价值导向性 (2)目标、策略的不确定性 (3)介入过程的持续动态性 (4)资源运用的协调性、合作性和依赖性 (5)领导与管理者素质的综合性

名师指导

本考点从 2012 年开始就没再考过，考生稍加了解即可。

二、社会工作行政的功能与一般程序(了解)

项 目	内 容
功能	(1)将社会政策变为社会服务行动 (2)合理运用资源,促进有效服务 (3)总结社会政策的执行经验,提出修订建议
一般程序	组织分析→方案策划→人力组织→效能发挥与资金运作→评估总结

本考点从2012年开始就没再考过,考生稍加了解即可。

第二节 社会服务方案策划

微信扫描

一、社会服务策划的形式(重点掌握)

策划的形式	主要过程
战略性策划(机构发展)	需求评估→明确机构的使命→预测→设计可行的战略→选择机构的战略→将战略转变为服务方案目标→方案发展→评估
方案发展策划	需求评估→目标制定→考虑机构的总目标→方案目标的修订→探索各种可行方法→认识机构的局限性→选择可行性方法→方案活动的详细发展
问题解决策划	认识现有的问题→界定问题→探索可行的解决方法→认识各种可能的限制→选取解决办法→设计完整的计划→发展评估计划
创新策划(前瞻性)	认识特殊问题或状态→列出清楚的目标→收集其他机构创新的方法→提供资讯给机构的决策者思考→考虑政治、经济、社会方面的阻力→选择理想的方法→发展计划用作评估和拓展

考查年份:2012~2013年、2015年、2017~2018年。基本属于必考点,一般会出1道单选题或多选题,考查形式一般是给出具体案例,判断案例中的策划属于哪种策划形式。主要考查方向为:战略性策划、方案发展策划、问题解决策划以及创新策划的过程。

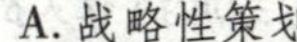

母题精选

【单选题】为了帮助受灾家庭子女恢复正常的学习生活,社会工作者小李按照"认识现有的问题—界定问题—探索可行的解决方法—认识各种可能的限制—选取解决办法—设计完整的计划—发展评估计划"的过程,开展服务方案策划工作。小李采用的社会服务策划形式是( )。(真题)

A. 战略性策划　B. 问题解决策划　C. 创新策划　D. 方案策划

微信扫描

【答案】 B

【多选题】为解决某社区居民与物业公司因车辆停放和垃圾清运而产生的矛盾,社会工作者采用问题解决策划的方式,首先召集居民代表、物业公司和居委会研究出三种解决方法。在上述工作的基础上,社会工作者还需开展的工作有( )。(真题)

A. 进行社区服务需求评估　B. 选择最佳的解决方法

C. 分析三种解决方法的利弊　D. 设计完整的服务方案

E. 发展多方参与的评估计划

微信扫描

【答案】 BCE

【单选题】随着人口的老龄化,老年人的服务需求逐渐增多,受制于有限资源,某社会服务机构组织员工讨论在未来3年是为更多的老年人提供满足基本生活需要的服务,还是为具有特殊需要的少数老年人提供专业性服务。这种策划是(　　)。

A. 问题解决策划　　B. 创新策划　　C. 战略性策划　　D. 社会策划

【答案】 C

二、社会服务方案的策划步骤(重点掌握)

阶　段	内　容
问题的认识和分析阶段	(1)问题的认识和分析 ①问题认识工作表。人们所关注的问题;问题发生的时间、地点;谁受问题的影响及人们对此问题的感受程度 ②分支法。确定要解决的全面性问题;列明形成这个问题的"明确问题";列明产生这些"明确问题"的原因 (2)需要评估。界定处于危机的人口、目标对象人口以及求助者或受影响的人口
目标制定阶段	(1)界定总目标和影响性目标。影响性目标是社会工作干预所要达到的目标 (2)建立目标的优先次序。考虑因素:可拥有和可动员的资源;服务对象的发展阶段与特点;机构的目标;问题的急迫程度;社会正义等
方案安排阶段	(1)制订各种可以实现目标的可行性方案 (2)选择理想的可行性方案。"可行性方案模型"的筛选标准:①效率(方案资源投入、服务产出);②效果(方案实现目标的程度);③可行性(达到成功的程度);④重要性(必须推行的程度);⑤公平(提供给有需要的个人或团体的程度);⑥附加结果(目标之外的结果) (3)决定资源需求和争取资源。机构管理层在决定是否采用各服务方案时,一般会考虑"经济上是否有效率""社会上是否接纳""政治上的可行性"。具体表现为:是否存在严重风险、是否必须所推行、服务对象或社区人员是否接纳、是否有足够资源支持服务的推行 (4)制订行动计划。服务计划被批准执行后,须先将服务方案的目标分解成若干具有可操作性的执行目标。执行目标不仅需要具备方法和完成的服务内容,还需要充分考虑以下因素 ①完成服务方案的重要活动 ②负责完成每项活动或任务的人员 ③重要活动的开始时间和完成时间 ④完成每一项活动所需要的基本资源
考虑服务的评估	(1)过程评估。需要关注:①方案进行过程中服务对象和人数变化;②方案中主要工作项目的完成情况、资源使用情况、经费支出情况、是否按照预定的日期进行 (2)效果评估。测量方案实施后所产生的效果

考查年份:2013~2015年、2017~2019年。基本属于必考点,除了2016年没有考查之外,基本上每年都有出现1~2道单选题或多选题。主要考查方向为:社会服务方案各阶段的具体内容。

可拥有和可动员的资源:环境因素、情境状态、人力、财力、物力配置等。

制订行动计划可以利用"简单时间线条表法",即列明要完成的活动、负责活动的工作人员姓名、活动开始时间和完成时间、活动所需资源。

母题精选

【单选题】为了制订一个详细的社会服务方案，通常需要将服务方案的目标进行分解，使之具有可操作性。社会工作者可以列一个时间任务表来推动方案目标的实现。在列表过程中，除了将完成服务方案的“主要活动、完成时间、活动所需物资”列入外，还应列入的内容是（　　）。（真题）

A. 活动的评估方法　　B. 活动的负责人

C. 活动的记录表格　　D. 活动的投入产出

【答案】B

【单选题】某儿童福利机构在策划“六一”儿童节的活动方案中制订了总目标和影响性目标，并细化为各项服务目标。社会工作者在确定上述服务目标的优先次序时，首先需要考虑的是（　　）。（真题）

A. 机构的发展目标　　B. 机构的可用资源

C. 机构的服务对象　　D. 机构的社会影响

【答案】B

【单选题】为了在社区推动空巢老人互助项目，社会工作者小陈设计了空巢老人社会支持状况问卷，并准备在项目启动前和后各进行一次问卷调查。从服务的角度看，小陈的做法属于（　　）。（真题）

A. 效果评估　　B. 过程评估　　C. 需求评估　　D. 系统评估

【答案】A

【多选题】某社会工作服务机构的社会工作者小林策划了一个农村贫困儿童夏令营服务计划。为在机构层面整合资源，小林将计划书上报给机构负责人审阅。机构负责人在决策过程中，需要考虑的核心因素有（　　）。（真题）

A. 服务是否存在严重的风险　　B. 服务是否是机构所必须推行的

C. 服务是否能为本机构营利　　D. 儿童及其家长能否接纳这项服务

E. 机构是否有足够资源支持服务推行

【答案】ABDE

【单选题】社会工作者小李打算进行老人被家属虐待问题的社会服务方案的策划，他列明了形成这个问题的“明确问题”，又逐一列明造成这些问题产生的原因。这种认识方法是（　　）。

A. 问题认识工作表　　B. 分支法　　C. 逐项法　　D. 层进法

【答案】B

第三节　社会服务机构的类型与运作

一、社会服务机构的性质与类型（熟悉）

考查年份：2012年。本考点在考试中考查较少。主要考查方向为：我国社会服务机构的类型，考生要学会根据题干表述判断机构的类型。

项　目	内　容
定义	社会服务机构是指由政府、社会团体或个人兴办的，通过社会福利从业人员（专业社会工作者、半专业的服务人员、辅助工作人员等），为特定的服务对象提供服务的非营利组织

续上表

项　目	内　容
性质	(1)社会服务机构是非营利机构 (2)有明确和清晰的使命、宗旨、目标、服务重点和服务策略、服务承诺,作为自我评估和社会评价的依据,强调社会使命和社会责任 (3)主要功能是提供福利服务,从业人员以社会工作者为主,也包括其他专业人员
类型	(1)一般类型。政府主管社会保障(福利)事务的行政机构;从事公共服务、公益服务的机构(非政府) (2)我国社会服务机构的类型 ①政府 ②群众团体组织(6个:工会、共青团、妇女联合会、老龄工作委员会、残疾人联合会和红十字会) ③社会公益类事业单位。如儿童福利院、社会救助管理站、普通高等教育院校、非营利性医疗机构、街道层面的社区服务中心等 ④社会服务类民间组织。包括:由政府支持的民间组织,如中华慈善总会、中国青少年发展基金会等;纯民间组织,如服务自闭症儿童的“北京星星雨教育中心”,服务妇女的“红枫妇女热线”等;契约型社会工作服务组织,如上海的自强服务总社、深圳的鹏星社会工作服务社等

群众团体组织的记忆小窍门:工青妇老残红。

社会公益类事业单位分为一类、二类和三类。
①一类:儿童福利院、社会救助管理站。
②二类:普通高等教育院校、非营利性医疗机构等。
③三类:广播电视、党报、党刊等机构。

母题精选

【单选题】下列属于社会服务类民间组织的是(　　)。

A. 儿童福利院——社会公益类事业单位

B. 中华慈善总会

C. 共青团——群团组织

D. 妇女联合会——群团组织

【答案】 B

二、社会服务机构的组织结构类型(熟悉)

项　目	内　容
一般结构类型	(1)直线式组织结构(最简单)。由上而下分成若干层级;各层级中每个部门的地位相等、权责相符;各层级间只有直线和垂直关系;主管在所属的范围内具有绝对的指挥权,各级部署必须绝对服从 (2)直线参谋式组织结构。组织层级之间存在着水平和垂直关系;参谋作为专家有责任来协调直线部门的管理者 (3)职能式组织结构。职能部门在特定工作范围内,可以直接对其他管理人员下达命令;职能部门可以作决定和执行

考查年份:2014年、2017年。本考点在考试中多以单选题的形式出现,一般会有两种考查方式,一种是给出具体案例,判断案例中的组织结构类型,另一种是判断给出的组织结构类型的相关内容的对错。考生要学会区分这几种不同的组织结构类型,学会灵活运用。

续上表

项 目	内 容
团队式结构	(1)问题解决型团队。一般由来自同一部门的5~12个员工组成,他们定期聚在一起,讨论并解决工作中的某些具体问题 优点:目标比较明确、简单和集中,人员组成比较单一,有利于团队的沟通合作以及问题的迅速解决 缺点:临时性质使得团员容易出现短期行为,不利于机构总体目标的实现 (2)跨专业团队。来自不同部门、不同专业领域的专业人员组成的一个群体,目的是完成一项共同任务,或是通过建立跨专业团队来为服务对象提供个案管理,提高服务质量 优点:分工明确,专业性强 缺点:差异性可能会带来冲突,团队组建初期的磨合时间较长,影响跨专业团队的绩效

母题精选

【单选题】某社会工作服务机构为解决社区内高龄独居老人照顾问题,采用跨专业合作模式,由社会工作者协调社区卫生服务中心的医生、护士组建团队,共同发起"与爱同行"助老服务项目。关于该团队的说法,正确的是( )。(真题)

A. 跨专业团队磨合时间比较短

B. 跨专业团队容易沟通合作

C. 跨专业团队适用于为服务对象提供个案管理

D. 跨专业团队容易形成团队核心凝聚力

【答案】 C

【单选题】社会福利机构设立了研究部门,充当机构领导的参谋,则该结构属于( )。

A. 直线式组织机构　　B. 矩阵式组织结构

C. 职能式组织结构　　D. 直线参谋式组织结构

【答案】 D

三、社会服务机构的运作(重点掌握)

考查年份:2014~2016年、2018~2019年。基本属于必考点,一般会以单选题的形式出现,主要考查方向为:授权、协调、沟通以及控制的区分。

运作环节	内 容
授权	授权是指上级主管部门适当地将职权移交给下属的过程。包括:①授权任务;②授予权力;③对所授权力进行明确的限制。强调这个权力仅限于从事某一特定任务
协调	(1)协调是将社会服务机构中各部门的活动转化为一致性行动的过程,通过发挥团队精神,顺利执行各部门的活动,从而实现共同目标 (2)分类:程序性协调,是在活动设计过程中进行的(活动进行前);工作性协调(活动进行中)

续上表

运作环节	内　容
沟通	沟通是指通过各种渠道传播消息、事实、观念、感觉和态度,从而实现共同了解的活动
控制	控制是指社会行政组织在动态变化的环境中,为确保实现既定目标而进行的检查、监督、纠偏等管理活动。具体的行为包括:①确保行政实施计划的实施方向;②实行授权管理;③发现错误,纠正错误

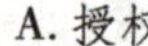 母题精选

【单选题】某社会工作服务机构总干事在每周一主持召开由各部门负责人参加的例会上,一般会在布置完各部门的工作后,强调部门间分工合作的重要性。该总干事的这项工作属于社会工作服务机构运作中的(　　)。(真题)

A. 授权　　B. 培训　　C. 评估　　D. 协调

【答案】D

第四节　社会服务机构的志愿者管理

一、志愿者管理的必要性及志愿者参与社会服务的动机(掌握)

考查年份:2012 年、2017 年、2019 年。属于常考点,出题简单,考生要学会区分以自我为中心的动机、以利他和社会为中心的动机这两者之间的差别,切勿混淆。

项　目	内　容
必要性	(1)机构的期望 (2)社会对志愿者服务的关注可能带来负面效果 (3)志愿者的自我收获 (4)志愿服务的方式和类型多样化
志愿者参与社会服务的动机	(1)以自我为中心的动机 ①想获得工作经验,学习新技术 ②希望感觉到被需要、被感激、被欣赏、受他人尊敬或被他人引以为傲 ③填补心灵空虚,减少内心寂寞 ④有机会体验新的生活方式和文化 ⑤能表现和证明自己的成就 ⑥现在帮助别人,将来"善有善报" ⑦自我成长、发展与成熟 (2)以利他和社会为中心的动机 ①希望帮助别人,希望世界变美好 ②以行动表达对他人的同情心 ③喜欢认识不同年龄层的新朋友,参与活动,扩大社会接触面 ④受老师、家长、亲戚、朋友的影响,参与服务 ⑤基于宗教信仰,为人服务的理念 ⑥想尽自己的社会责任 ⑦想用行动谋求改变

母题精选

【多选题】某社会工作服务机构分析了最近一批新加入志愿者的服务动机。下列分析结果中，属于自我中心型服务动机的有（　　）。（真题）

A. 实现"善有善报"　　B. 获得新的工作经验

C. 认识更多的新朋友　　D. 表达对弱者的同情

E. 履行社会责任

【答案】 AB

二、志愿者管理的内容与过程（重点掌握）

项　目	内　容
需要评估和方案规划	（1）志愿者评估。针对其参与社会服务的动机（以自我为中心的动机、以他人和社会为中心的动机）评估 （2）机构本身评估。评估志愿服务给组织带来的利益和风险 （3）服务对象需要评估。服务对象对志愿服务的接纳程度等
工作发展与设计	重要任务是撰写志愿服务工作说明书
招募	有引人注目的主题和要求，并简短、直接地传达给志愿者
面谈与签约	面谈是为了了解志愿者的兴趣，掌握其个人资料，为其安排合适的服务岗位
迎新说明和培训	（1）迎新说明的目的。让志愿者了解服务机构的目标、服务对象的特点及机构运作方式等 （2）志愿者培训的主要内容如下 ①知识。让志愿者认识志愿服务的意义，了解机构政策目标和理想使命，促进志愿者个人目标和机构目标达成一致 ②技巧。根据服务岗位的要求，对志愿者进行实务训练（相关知识、技巧和态度） ③态度。通过训练提升志愿者的服务信心，帮助他们挖掘潜能
监督与激励	志愿者督导平等对待志愿者；机构适时为志愿者提供帮助和反馈
奖励表扬	运用多种方式进行表扬奖励
（绩效）评估	志愿者绩效评估的目的 ①对于志愿者。帮助志愿者了解自己的服务表现是否符合机构要求，帮助他们发展自我潜能，从而更深入地参与机构的服务工作 ②对于机构。绩效评估可以保证机构服务质量，了解志愿者对机构志愿者管理制度的满意程度，改进志愿者管理

考查年份：2013～2016年、2018～2019年。基本属于必考点，一般会出1～2道单选题或多选题。主要考查方向为：①志愿者训练的主要内容；②志愿者绩效评估的目的。

志愿者培训的考查形式一般是给出案例，判断应为志愿者提供哪些培训。在把握志愿者培训内容的基础上，还要结合案例具体内容才能准确答题。

母题精选

【单选题】社会工作者小陈负责“关爱社区失独老人”服务项目。为了更好地提升服务质量，小陈招募了一批护理、法律等方面的志愿者参与服务，并对志愿者进行培训。从志愿者培训内容的角度看，首先要做的是(　　)。(真题)

A. 介绍机构的志愿者绩效评估办法

B. 研讨交流机构志愿者激励措施

C. 分析国内外志愿服务发展趋势

D. 讲解服务对象的身心发展特点

【答案】D

【单选题】社会工作者小马最近听到家长反映，他招募的贫困家庭家教志愿者小陈经常会缩短功课辅导时间，带着辅导的孩子去玩。小马找小陈了解情况，小陈认为家教志愿服务的目的不应只是学业辅导，还应让孩子快乐成长。对此，小马应给予的适当回应是(　　)。(真题)

A. 赞同和支持小陈的想法和做法

B. 批评教育小陈，限期改正

C. 澄清家教志愿服务的目标和要求

D. 代表机构通知小陈暂停家教志愿服务

【答案】C

【单选题】对社会工作服务机构而言，志愿者绩效评估的核心目的是(　　)。(真题)

A. 了解志愿者的技能成长　　B. 保证机构的服务质量

C. 强化志愿者的利他行为　　D. 满足志愿者的社交需求

【答案】B

第五节　社会服务机构的筹资方式

一、社会服务机构资金来源(熟悉)

考查年份：2014年、2016年。本考点在考试中考查较少，且题目简单，考生要能够辨识政府资助、社会捐助以及商业交易三者之间的差别。

资金来源	内　容
政府资助	实现方式包括购买服务和奖励 (1)购买服务。政府和社会服务机构订立购买服务的契约，政府要求社会服务机构提供其制定的公共服务或社会福利服务 (2)政府奖励 ①补助。政府拨出服务经费协助社会服务机构提供服务，政府扮演奖励者角色 ②协议合作。政府和社会服务机构共同决策，拿出经费给社会服务机构提供服务，政府扮演伙伴角色
社会捐助	来自个人、企业、基金会的慈善捐款，用于支持社会服务机构开展扶贫、教育、环保等服务
商业交易	服务收费、出售商品的收益等(一般不包括生产经营)

母题精选

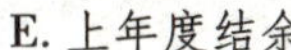

【多选题】某民办养老机构2013年年报显示，其总收入为170万元，包括：获得省级示范养老机构的政府奖励10万元；服务收费140万元；基金会慈善捐款20万元。该养老机构2013年的资金来源包括(　　)。(真题)

A. 政府资助
B. 民间捐助
C. 经营收入
D. 利息收入
E. 上年度结余

【答案】 ABC

二、社会服务机构筹资管理(重点掌握)

项　目	内　容
社会捐助	(1)个人捐款。动机：①个人需要；②外界影响；③利他动机 (2)企业捐款。动机如下 ①市场营销。捐款可以为企业带来新的利益和新的顾客 ②公共关系。为了提升公司形象 ③自我利益。为了增加长期获利 ④税法策略。为了合理避税 ⑤社会联谊(俱乐部)。为了赢得他人赞赏和认可
政府购买服务	通过发挥市场机制作用，把政府直接向社会公众提供的部分公共服务事项，按一定的方式和程序交给具备条件的社会力量承担，政府根据服务数量和质量向其支付费用
社会服务机构的筹资方法	(1)项目申请。如果机构的大宗款项来自政府购买或基金会资助，一般要写项目申请书。项目申请书中应说明的内容如下 ①向政府或基金会申请这笔经费支持的意义或用途 ②资助的重要性(这笔资助对于项目对象的必要性) ③资助额及申请这一数量资助的原因 ④使用这笔资助的方法 ⑤使用这笔资助可能达到的预期效果 ⑥使用这笔资助的社会交代的方法(如何向资助者报告资助项目的结果) (2)私人恳请与电话劝募 ①私人恳请。机构领导者、员工和志愿者与潜在捐款人面对面会谈属于较私人的、注重人际关系的方式 ②电话劝募。在紧凑的时间内密集电话拜访，属于快速筹款的方式 (3)特别事件筹资活动。社会服务机构通过对特殊事件的服务，引起社会大众对机构和相关事件的关注。途径包括召开记者会、研讨会、展览会、义卖会、演唱会等活动

考查年份：2012～2013年、2015～2019年。基本属于必考点，基本上每年都会出现1～2道单选题或多选题。主要考查方向为：①个人捐款和企业捐款的动机；②项目申请书的内容(重中之重)；③私人恳请、电话劝募与特别事件筹资之间的差别。

考试时不会直接考这6点的内容，一般是结合实际案例表现出来，题目不难，记住这6个小点的内容，与具体的案例结合起来即可。

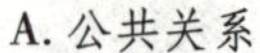

母题精选

【单选题】为帮助社区中困难家庭青少年提高英语水平，社会工作者联系了一家英语辅导机构，希望其能提供免费辅导。该辅导机构负责人认为此事既回报了社会，又宣传了机构，因此同意开展合作。根据上述情况，该辅导机构的合作动机是（　　）。（真题）

A. 公共关系　　B. 社会联谊　　C. 税法策略　　D. 市场营销

【答案】A

【多选题】社会工作者小张设计了一份项目申请书，参加社区公益创投活动。在这项目申请书中，需要重点说明的内容有（　　）。（真题）

A. 项目的政策意义和实践意义
B. 项目的主要目标和成效指标
C. 项目的主要内容和实施策略
D. 项目的盈利模式和社会影响
E. 项目的经费预算和交代方式

【答案】ACE

【单选题】在四川地震灾害中，打工人员小王为灾区捐赠了一个月的生活费，他希望在灾区人民最困难的时候帮助他们。小王的捐款动机属于（　　）。

A. 个人需要动机　　B. 外界影响动机　　C. 利他动机　　D. 自我利益

【答案】C

【单选题】某地发生泥石流灾害以后，某社会服务机构计划举办赈灾义演。该机构社会工作者在机构网站公布义演消息，打电话邀请各界人士出席。义演结束后，机构共募集善款503.1万元。上述活动属于（　　）。

A. 特别事件筹款　　B. 私人恳请筹款
C. 电话劝募筹款　　D. 网络劝募筹款

【答案】A

第六节　社会工作督导的对象与内容

一、社会工作督导的概念和意义（熟悉）

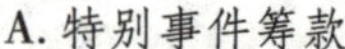

考查年份：2014年。本考点在考试中考查较少，在2014年仅出现1道单选题。考生需要重点理解社会工作督导的概念。

项　目	内　容
概念	社会工作督导是由机构内资深的社会工作者对机构新进入的工作人员、一线初级社会工作者、实习学生及志愿者，通过定期和持续的监督、指导，传授专业服务的知识和技术，从而提高其专业技巧，促进他们成长并确保服务质量的活动
意义	保障机构正常运作；提高服务质量；促进社会工作者成长；推动专业发展

母题精选

【单选题】社会工作者小张目前负责一个志愿者关爱社区高龄独居老人的项目，为了加强对志愿者的管理，小张每个月都会把参与服务的志愿者召集在一起，讨论服务进展，了解和解决志愿者在服务时遇到的问题，也会开展一些文体活动提高团队凝聚力。从志愿者管理的内容看，小张的做法属于（ ）。（真题）

A. 迎新　B. 督导　C. 奖励　D. 评估

【答案】 B

二、社会工作督导的对象和类型（了解）

本考点从2012年开始就没再考过，考生稍加了解即可。

项目	内容
督导对象	新进社会工作者；年轻（初级）社会工作者；实习社会工作者；非正式人员（志愿者）
督导类型	见下表

类型	扮演角色	强调内容	焦点	责任承担
师徒式督导	督导者扮演师傅的角色	学习过程	一般议题	责任在被督导者
训练式督导	被督导者被认为是学生或受教育者	学习过程	一般议题	责任在督导者
管理式督导	督导者是被督导者的上级或主管	实务工作	特殊议题	责任在督导者
咨询式督导	督导者扮演纯粹的咨询角色	实务工作	特殊议题	责任在被督导者

注意区分4大督导类型中督导者与被督导者扮演的角色，以及在内容强调、责任归属这两个维度的差异。

三、社会工作督导的内容（重点掌握）

考查年份：2012年、2014～2016年、2018～2019年。基本属于必考点，多以单选题的形式出现，主要通过案例的形式考查考生对行政性督导、教育性督导以及支持性督导的理解。考生在复习时要注意理解，避免死记硬背。

对教育性督导的内容考查较多且难度较大，考生要牢记教育性督导的6大内容。

项目	内容
行政性督导	（1）社会工作者的招募和选择 （2）安置和引导工作人员 （3）工作计划和分配 （4）工作授权、协调与沟通 （5）工作监督、总结和评估 （6）督导者扮演多种角色：①缓冲器角色（服务对象与被督导者之间，被督导者与社会服务机构之间，机构内部各部门之间）；②倡导者角色；③机构变迁推动人
教育性督导	（1）教导有关服务对象群的特殊知识 （2）教导社会服务机构的知识 （3）教导有关社会问题的知识

续上表

项　目	内　容
教育性督导	(4)教导有关工作过程的知识(教导助人的有关技术) (5)教导有关工作者本身的知识(自我觉醒) (6)提供专业性建议和咨询
支持性督导	(1)社会工作者的压力来源:①服务对象;②工作;③机构(行政压力);④社会对社会工作的认识 (2)缓解社会工作者的压力感受、提升工作士气的督导原则 ①充分认识被督导者的性别、年龄、工作年限、人格特质等特性因素 ②善于激励、催化,妥善处理冲突紧张的关系 (3)支持性督导的工作内容 ①疏导情绪。协助被督导者适应和处理服务过程中所产生的挫折、失望、焦虑等情绪,增强被督导者的自我调节功能 ②给予关怀。给予关怀与支持,帮助被督导者提升安全感,并愿意尝试新工作 ③发现成效。协助被督导者发现工作成效,并能自我欣赏,激发被督导者工作士气 ④寻求满足。给予被督导者从事专业的满足感和价值感,促进其对专业的认同
志愿者督导	(1)目的 ①协助志愿者认清并肯定志愿服务的价值 ②协助志愿者了解组织和机构的功能 ③评估志愿者的工作效果,提出建议 (2)功能 ①行政性督导功能。培养有效的志愿者 ②教育性督导功能。培养能干的志愿者 ③支持性督导功能。了解和关怀志愿者

关于行政性督导、教育性督导和支持性督导,做题的时候分别记住3个关键词:规矩、知识、情感。

母题精选

【单选题】某社会工作服务机构让老王担任新入职社会工作者小张的督导。老王的下列工作中,体现行政性督导内容的是(　　)。(真题)

A. 老王向小张介绍机构的部门及分工

B. 老王向小张讲解机构服务对象特征

C. 老王向小张分析机构服务介入特点

D. 老王向小张解释机构目标选择方向

【答案】 A

【单选题】社会工作者小刘计划在社区开展名为“相亲相爱一家人”的主题小组。社区居委会主任觉得想法不错，但是担心居民不来参加，小刘的计划因而被搁置。为此，小刘向督导老王求助。老王建议小刘先在居民中开展需求评估，再用需求评估的结果与社区居委会主任沟通小组活动的可行性。在这一督导过程中，老王所做的工作属于(　　)。(真题)

A. 行政性督导　　B. 支持性督导　　C. 教育性督导　　D. 系统性督导

【答案】C

【单选题】某福利院的服务对象老王因中风导致行动不便，出入均需护理人员陪同。老王不愿麻烦护理人员，有一天他自行出去活动时不慎摔倒，导致生命垂危，经抢救后脱离危险，负责帮助老王的社会工作者小李为此感到内疚，不断自责，机构督导及时跟进。下列做法中，属于支持性督导的是(　　)。(真题)

A. 评估小李个案服务过程　　B. 指导小李改进服务技巧

C. 教导小李中风处置方法　　D. 协助小李处理情绪困扰

【答案】D

章节练习

手机微信扫描【章节练习】旁边的二维码或电脑浏览器打开 https://shegong.ek100.cn/即可进入智能题库进行章节练习。

第八章　社会工作研究

• 本章应试分析

本章内容以定量研究和定性研究的区别为切入点，阐述了定量研究和定性研究的主要方法（定量研究掌握问卷调查法，定性研究掌握个案研究法）。在历年的考试中，本章涉及分值约为9分，通常会出5道单选题，2道多选题。

本章第一节和第二节的内容出题点较少，主要的考查点是定量研究与定性研究的特点。社会工作研究方法相对比较抽象，学习难度较大，在学习时可以结合题目巩固和掌握知识点。

• 思维导图

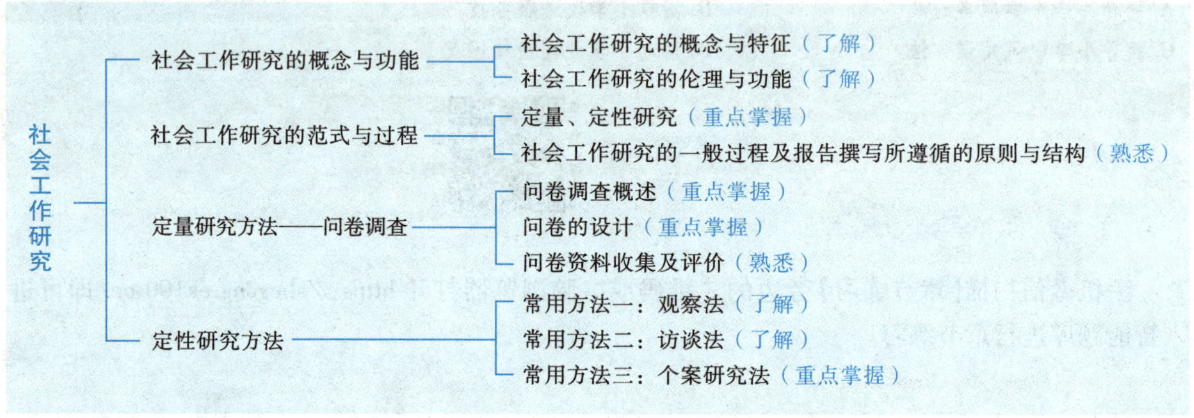

• 名师同步精讲

第一节　社会工作研究的概念与功能

一、社会工作研究的概念与特征（了解）

项　目	内　容
概念	(1)社会工作研究是指以社会工作为对象，为了更有效地开展社会工作而进行的研究，是获取和发现社会福利和社会工作相关知识和事实的过程 (2)核心要素包括：主体；研究对象；目标；伦理；方法
特征	(1)以困难群体及其议题为主要研究对象 (2)注重采用社会工作视角，如“人在情境中” (3)体现社会工作伦理和社会研究伦理 (4)旨在促进实务及提升理论，从而推进民众福利 (5)研究者的角色多样性(研究者可以是资料的收集者、分析者和结果应用者)

名师指导

本考点从2012年开始就没再考过，考生稍加了解即可。

社会工作研究与其他社会研究的重要区别：以困难群体及其相关议题为主要对象。

二、社会工作研究的伦理与功能（了解）

项　目	内　容
伦理	(1)应该信守研究选题的伦理 (2)应该恪守社会工作的伦理 (3)应该遵守社会研究的伦理（真实、中立、保密、不伤害等）
功能	(1)提升服务对象整体福利 (2)促进宏观场景总体优化 (3)协助社会工作专业多元增能

本考点从2012年开始就没再考过，考生稍加了解即可。

第二节　社会工作研究的范式与过程

一、定量、定性研究（重点掌握）

考查年份：2012～2019年。属于必考点，每年都会出现1～2道单选题或多选题，出题形式多是判断定量研究或定性研究的说法是否正确。考生在复习时需要从各个角度理解和掌握二者的区别。

项　目	定量研究	定性研究
概念	基于实证主义方法论，在严格设计的基础上，采用定量测量手段，注重变量的操作与测量，收集资料并对此进行统计分析。目的在于揭示和描述社会现象的相互关系	注重具体独特的现象，收集和分析非数字化资料，描述回答者所经历现实的含义、特征、隐喻、象征等，探索社会关系，进而对个体进行理解、阐释和深度描述
常用方法	问卷调查、实验研究等	观察、访问、个案研究等
适用范围	适用于收集资料相对容易、已有大量资料、需要探讨变量关系、宏观层面的大规模的调查与预测	适用于个别事物的细致研究，尤其是针对不熟悉、难控制的调查环境
研究者与研究对象的关系	研究者被研究对象视为外人，要求在过程中体现价值中立	研究者被研究对象视为自己人，尽量站在对方立场审视、领悟和分析具体事实
研究和理论的关系	依托某些原理形成假设，通过收集资料和分析数据来验证假设，侧重于理论检验	研究理论假设可以在研究过程中进行提炼和归纳，是理论建构的过程
研究策略	通过文献回顾和实地探索，发现变量之间的关系，研究资料和研究结论追求精确性	研究问题、研究计划和研究内容灵活可变，在资料收集过程中根据研究者的过程感悟，修改、完善和深化研究
资料特性	收集和分析量化资料、可操作变量和统计数据	获取描述性的信息（非量化）
结果范围	注重研究问题的普遍性、代表性及其普遍指导意义	注重研究对象，研究结论有助于发现研究问题的个别性和特殊性。结果不可推论

定量研究与定性研究虽然存在区别，但是两者也是相互依存、相互渗透和相互补充的。

母题精选

【单选题】关于定量研究特点的说法，正确的是(   )。(真题)

A. 研究理论假设可以在研究过程中进行提炼和归纳

B. 研究结论有助于发现研究问题的个别性和特殊性

C. 研究资料追求精确性

D. 研究者被视为自己人

【答案】 C

【单选题】关于定性研究特点的说法，正确的是(   )。(真题)

A. 注重分析可操作变量和统计数据　　B. 注重研究问题的普遍性和代表性

C. 注重独特现象与收集非数字化资料　　D. 注重研究者在调查中保持价值中立

【答案】 C

【多选题】关于定量研究与定性研究特点的说法，正确的有(   )。(真题)

A. 定性研究过程中完全可以排除研究者的“观察者偏差”

B. 定量研究重视从理论出发进行演绎推理形成研究假设

C. 定量研究与定性研究的方法可以整合到同一项研究中

D. 定量研究适用于不熟悉的社会系统和微观层面的研究

E. 定性研究主要依托非控制性的自然手法进行资料收集

微信扫描

【答案】 CE

二、社会工作研究的一般过程及报告撰写所遵循的原则与结构(熟悉)

考查年份：2014 年。本考点在考试中考查较少，考生重点理解定量研究的一般过程。

(一)社会工作研究的基本逻辑和基本内容

项　目	内　容
基本逻辑	归纳推理；演绎推理；假设演绎法
基本内容	拟定研究主题；界定研究问题；进行文献回顾；完成研究设计；收集资料、整理和分析资料；撰写研究报告和应用研究成果

(二)定量研究的一般过程

项　目	内　容
研究准备	(1)确定研究问题 (2)建立研究假设 (3)进行研究设计。包括：①确定研究类型；②进行研究操作化——使研究具体可行；③制定研究方案
资料收集	选择调查员；调查员培训；督导调查员工作；问卷回收审核；问卷抽查
资料分析	(1)定量资料的整理。①给答案予以数字或字母代号；②将完成编码的问卷资料输入电脑 (2)资料分析。①明确不同指标的变量层次；②描述统计：众数(某指标中出现最多的数值)、中位数(某指标排在最中间的数值)、平均数(某指标的平均水平)；③推论统计

操作化：①选取调查对象(抽样)；②确定分析单位；③明确调查内容；④将理论概念转为可测指标；⑤进行假设操作化。

资料分析的指标包括：定类(如性别)；定序(能比大小，如受教育程度)；定距(能加减，如考试成绩)；定比(有绝对零点，能乘除)。

续上表

项 目	内 容
研究总结	(1)说明研究发现 (2)针对研究发现的特殊现象和未验证的假设,提出尝试性解释 (3)提出对策和建议

> 在2、3、4、5、2、6、2、4这8个数字中,众数、中位数、平均数分别是2、3.5、3.5。

(三)定性研究的一般过程

项 目	内 容
研究准备	选择对象(非随机抽样选取);确定分析单位;选择研究方法
资料收集整理和分析	进入现场;收集和记录资料;整理资料和建立档案;分析与收集的互动
研究总结	定性研究的总结旨在提炼某个概念、变量关系乃至理论及有针对性地提出对策和建议

(四)报告撰写原则及一般结构

项 目	内 容
报告撰写原则	内容与标题呼应;板块体现完整性和逻辑性;定量与定性相结合;风格朴实积极
研究报告的一般结构	标题;引论;研究问题、目标和意义;文献回顾;研究方法;研究发现;讨论和建议;附录;参考文献
社会工作实务研究报告的基本结构	(1)需要评估报告。与研究报告的一般结构类似 (2)项目计划书。主题、基本背景、需求评估、项目目标、工作模式、实务内容、经费结构、时间进度、附录、参考文献等 (3)总结评估报告(项目总结)。主题、项目背景、需求评估、项目目标、工作模式、实务内容、服务效果、讨论和建议、附录、参考文献等

> 项目计划书与项目总结共有的基本结构包括:主题、背景、需求评估、项目目标、工作模式、实务内容、服务、参考文献。

第三节 定量研究方法——问卷调查

一、问卷调查概述(重点掌握)

项 目	内 容
概念	问卷调查就是依托问卷收集和分析资料的方法
类型	(1)自填问卷。收集资料时由被调查者填写答案;问题和答案应用词精准和通俗,题型不能过于复杂,题量适度 (2)访问问卷。在收集资料时由访问员向被调查者提问并记录其回答;适用于被调查者文化水平不高、调查问题较复杂的情况

> 考查年份:2012~2013年、2015~2019年。基本属于必考点,一般会出1道单选题或多选题。主要考查方向为:①问卷的两种类型;②问卷结构的相关内容。

续上表

项　目	内　容
结构	(1)标题 (2)封面信。旨在说明研究者身份、研究的目的和内容、对象选择方法、保密原则,并署名研究机构 (3)指导语。说明问题细节及回答要求,有不同形式。如“选择答案‘2’的,请直接跳至第5题” (4)问题和答案。问题是问卷的核心。问题形态的3大类型如下 ①态度。说明对某个问题的看法。如“您对本次银行提供的理财咨询服务满意吗” ②行为。代表实际行动状况。如“您过去一个月去健身房几次” ③状态。涉及人口社会特征、个人经历等信息。如性别、年龄、文化程度、收入状况等 (5)编码。给每个问题及答案予以某个字母或数字作为其代码 (6)其他。如问卷编号、访问时间、结束感谢语等

考查形式一般是给出一个封面信,判断封面信包含了哪些内容(多选题)或缺少了哪项内容(单选题)。

母题精选

【多选题】下列调查主题中,适宜采用自填问卷的有(　　)。(真题)

A. 低年级小学生的朋辈关系状况调查

B. 大学生志愿者的志愿服务现状调查

C. 养老机构中失智老人的照顾需求调查

D. 身心障碍者的社区康复服务满意度调查

E. 社会工作服务机构中社会工作者的职业倦怠调查

【答案】 BE

【单选题】一份问卷的封面信如下。

××市家庭状况调查问卷

尊敬的市民

您好!

我们正在进行一项有关家庭需求和社会服务方面的调查,旨在通过分析居民家庭现状,提出协助家庭健康发展的建议。

通过对本市居民的随机抽样,您被选中参加我们的调查。调查采用不记名方式,仅是为了了解您的需求、征求您的意见,为下一步制定相关政策和开展服务提供依据。您的个人资料和访问结果我们会予以保密,请不必有任何顾虑。

希望得到您的支持和合作。谢谢!

××××年××月

根据封面信的写作要求,此封面信缺少的内容是(　　)。(真题)

A. 调查者身份　　B. 调查目的　　C. 被调查者来源　　D. 调查伦理

【答案】 A

【单选题】社会工作者老许正在编制一份自填式调查问卷，她在问卷封面上注明“若无特殊说明，每个问题请选择一个答案”。老许写的这段话属于问卷结构中的（　　）。（真题）

A. 编码　　B. 指导语

C. 问题和答案　　D. 封面信

【答案】 B

二、问卷的设计（重点掌握）

项　目	内　容
设计原则	（1）问卷要有信度与效度 ①信度。测量不受时间、地点和对象变化的影响 ②效度。能否较好地揭示所测变量的实际情况 （2）考虑研究目的或研究类型。描述性研究多围绕基本问题，解释性研究多围绕研究假设 （3）以回答者视角为主。让回答者认可，容易理解，容易回答 （4）考虑问卷调查的可能障碍因素。如被调查者回答意愿、能力等 （5）保证操作可行性。需要考虑研究目的、调查内容、样本特征和资料分析等多项因素
设计步骤	（1）进行探索性工作（文献回顾、实地考察等） （2）设计问卷初稿（卡片法和框图法） （3）试用和修改（交给专家评价或试调查，并根据反馈情况进行修订） （4）定稿和印制
问题和答案	（1）关注问题特性 ①问题的指标属性。状态（被访者在被访问时的状况，一般不会轻易变化）、行为（被访者在被访问前作了什么）与态度（被访者对某些事项的看法或感受） ②问题的分类。封闭式问题（由设计者提供答案给被访者进行选择，必须满足答案的穷尽性和互斥性）和开放式问题（在问卷上留有空白而需被访者自己填写，应注意空间大小的适当性） （2）注意言语表达。问题语言应该简明，避免双重含义，不要有倾向性，对敏感问题注意提问方式 （3）数量时间适当。一份问卷最好让被调查者在 30 分钟内完成为宜 （4）问题按序排列。个人背景居首；客观题在前，主观题在后；熟悉、简单、对方感兴趣、封闭式问题置于前面；行为、态度、敏感的问题放在后面

考查年份：2012～2019 年。属于必考点，每年都会出现 2～3 道单选题，且多以案例形式让考生判断是否符合问卷设计的要领。主要考查方向为：①问卷设计的原则；②问题和答案的设计要领，包括封闭式问题答案的穷尽性与互斥性、语言表达、数量时间以及问题的排序。

封闭式问题的穷尽性和互斥性。

①穷尽性——答案包含所有可能。

②互斥性——不同答案并不交叉。

举例：“性别”分男女，满足两者；“婚姻状况”分“未婚”“已婚”“离婚”“丧偶”，没有满足互斥性。

母题精选

【单选题】为了解本地区社会服务行业工作人员的专业能力建设情况，某部门设计了一份调查问卷，其中一道封闭式问题为："请问您参加全国社会工作者职业水平考试的情况是________。"答案为"①参加过初级考试；②参加过中级考试；③未参加过任一级别的考试"。这道题的答案在穷尽性和互斥性上做到了（　　）。（真题）

A. 既满足穷尽性，又满足互斥性

B. 仅满足穷尽性，不满足互斥性

C. 不满足穷尽性，仅满足互斥性

D. 既不满足穷尽性，也不满足互斥性

【答案】D

【单选题】问卷设计中，问题有状态、行为和态度3种类型。下列问题中，属于状态类型问题的是（　　）。（真题）

A. 您对社会工作服务项目策划的培训有何评价？

B. 您如何评价当前的政府购买社会工作服务？

C. 过去一个月您参加过几次读书会活动？

D. 您的专业是社会工作吗？

【答案】D

【单选题】某居家养老服务中心的社会工作者希望通过问卷调查了解老年人的社会支持网络情况。问卷问题设计中应避免出现"双重含义"。下列问题中具有"双重含义"的是（　　）。（真题）

A. 您的性别？

①男 ②女

B. 您的亲戚和朋友多吗？

①很多 ②较多 ③一般 ④较少 ⑤很少

C. 当心情烦闷时，您最喜欢找谁聊天？

①家人 ②过去同事 ③社会工作者 ④邻居 ⑤其他（请说明________）

D. 您是否接受过志愿者的帮助？

①是 ②否

【答案】B

【单选题】问题的指标属性可以分为状态、行为与态度3种。下列问题中，其指标属性属于行为的是（　　）。（真题）

A. 您目前享受何种医疗保险待遇？

①公费医疗 ②职工医疗保险 ③居民医疗保险 ④新型农村合作医疗 ⑤其他（请说明________）⑥没有医疗保险

B. 您认为吸烟有害吗？

①有 ②没有 ③不知道

C. 总的来说，您认为您个人对改善这个社区的环境会有多大影响？

①影响很大 ②影响很小 ③没有影响 ④不知道

D. 在过去三个月中，您去医院看病几次？

①没有去过 ②1～2次 ③3～4次 ④5次以上

【答案】D

【单选题】某社会工作服务机构为了解青少年对“快乐阅读”项目的满意度，设计了一份调查问卷。根据问卷设计原则，下列问题适合排在最后的是（　　）。（真题）

A. 过去一个月，你参加过几次“快乐阅读”活动？

①0 次 ②1 次 ③2 次 ④3 次 ⑤4 次以上

B. 你对“快乐阅读”的活动安排满意吗？

①非常满意②满意 ③一般 ④不满意 ⑤非常不满意

C. 你对“快乐阅读”活动有何建议？

D. 通过参加“快乐阅读”活动，你的阅读兴趣有何变化？

①提高 ②不变 ③降低

【答案】 C

【多选题】问题和答案是问卷设计的核心。下列问题和答案符合问卷设计原则的有（　　）。（真题）

A. 你 18 岁以前主要生活在哪里（即小时候你们家在哪里）？

①本市本区②本市郊县农村③外省城市④外省

B. 多子多福，你希望生几个孩子？

①1 个②2 个③3 个及以上④不想生小孩

C. 你对你自己目前的工作满意吗？

①非常不满意②比较不满意③一般④比较满意⑤非常满意

D. 你们夫妇双方的老人是否希望你们生两个孩子？

①不希望②希望③随便④不知道/不适用

E. 你生第二个孩子最主要的原因是什么？（只勾最主要的一项）

①孩子可以有个伴，利于孩子成长②就希望生一男一女，儿女双全③可以传宗接代，分别姓父母双方的姓④多一个孩子将来养老更有保障⑤其他

【答案】 CE

三、问卷资料收集及评价（熟悉）

项　目	内　容
资料收集	（1）对象选取。方法如下 ①随机抽样。简单随机抽样、系统抽样、分层抽样、整群抽样等 ②非随机抽样。方便抽样、判断抽样、雪球抽样等 （2）访问员选拔培训 （3）物质准备 （4）质量控制。①调查过程的督导；②资料回收后的检查。对每位调查员完成的问卷进行抽检和回访；③利用专门软件对输入的资料进行技术检查
问卷调查评价	（1）优点：①匿名访问有利于获得真实信息；②收集了较多人的资料有利于中和个别人的极端回答；③资料处理相对容易；④节省资源 （2）缺点：①对调查员有较好素质的要求，在大规模研究中较难达到；②要求被研究者有一定文化，对地域、职业等有一定要求；③有时调查员无法当面指导和记录，填答质量可能难以保证

考查年份：2015 年、2018 年。本考点在考试中考查较少，考生重点理解质量控制的两个环节。

一般大规模问卷调查通常采用随机抽样选取调查对象，样本容量根据研究目的、总体大小、允许误差大小等因素共同决定。

母题精选

【多选题】某社会工作服务机构正在进行一项问卷调查，问卷类型为访问问卷。为了控制这次调查的质量。该机构应该(　　)。(真题)

A. 规定调查员在30分钟内完成问卷

B. 在调查过程中派督导进行同步指导

C. 在调查进行之前对调查员进行培训

D. 对每位调查员完成的问卷进行抽检和回访

E. 利用专门软件对输入的资料进行技术检查

【答案】 BDE

第四节　定性研究方法

一、常用方法一：观察法(了解)

本考点从2012年开始就没再考过，考生稍加了解即可。

项　目	内　容
概念	观察就是利用感觉器官和其他手段收集和感受对象的资料
类型	(1)观察者是否融入被观察群体：参与观察和非参与观察 (2)过程控制程度：结构式观察和非结构式观察 (3)观察者与被观察者的接触程度：直接观察和间接观察
观察准备	观察准备包括：问题、思想、身体、知识、心理、计划等几方面
观察内容	观察内容取决于研究设计和研究问题
观察记录	(1)观察记录是资料分析的基础 (2)观察记录应包括值得注意的一切内容 (3)观察记录可以采用空间地图、社交地图与时间地图等方法 (4)观察记录要使用具体、清楚、无歧义的描述性语言，不使用文学修辞
评价	(1)优点：简便、深入 (2)缺点：费时费力，难以控制，存在主观偏差

二、常用方法二：访谈法(了解)

本考点从2012年开始就没再考过，考生稍加了解即可。

项　目	内　容
概念	访问就是研究者探访被研究者并通过问答获取资料
常用形式	非正式会话式访问；引导式访问；标准化开放式访问
深度访谈	深度访问是常用的访问手段之一，可以在个案工作、小组工作中运用
焦点小组	焦点小组是将许多对象放在一起同时进行的集体访问。规模不宜太大(10人左右)
访谈过程	研究者获取资料的关键：过程控制，表现为语言、表情和动作3种技术

续上表

项　目	内　容
访问员素质	访员选拔首先以诚实、礼貌、公正、认真、负责、耐心为标准,其他因素根据具体情况进行要求
评价	(1)优点:适应面广、弹性大,可以获得深入的资料 (2)缺点:主观作用强、规模小,不便涉及敏感性问题 (3)适用范围:实地研究,尤其是个案研究

三、常用方法三:个案研究法(重点掌握)

项　目	内　容
概念	个案研究是对单个对象(如家庭、团体、机构、组织、社区、学校或部落等)的某项特定行为或问题进行深入探索研究
特点	(1)凸显研究的"对象"维度。即强调研究对象的个别性 (2)手段和资料多元化。研究者可以通过访谈、观察等手段,详细记载研究对象的各方面资料 (3)研究步骤不甚严格。个案研究难以仅仅参照某种方法的操作步骤进行各项工作 (4)资料详尽深入。即所得资料更具广度,更加详尽,更加深入
一般步骤	确定研究对象→获准进入→取得信任和建立友善关系→收集资料(观察和访谈为主)→整理和分析资料→报告研究结果
评价	(1)优点:①对研究对象有全面和深入的认识;②有助于澄清概念和确定变量;③有助于进行探索性研究,发现重要的变项以及提供有用的范畴;④有利于客观、深入、准确地把握研究对象的问题、需要及其原因机制;⑤有利于提出有效和具体的处理办法或解题方案 (2)缺点:①需要花费大量时间;②研究发现不能进行推论

考查年份:2012～2019年。属于必考点,每年都会出现1～2道单选题或多选题,一方面会通过案例的方式考查个案研究的特点和一般步骤,另一方面会通过判定对错来进行综合考查。主要考查方向为:①个案研究的特点;②个案研究的一般步骤;③个案研究的优缺点。

母题精选

【单选题】社会工作者小李对社区的"暖心服务队"进行个案研究。探索"暖心服务队"的发展历程,尝试总结社区社会组织培育的模式。关于该研究的说法,正确的是(　　)。(真题)

A. 研究资料收集步骤是关键,应注重先观察后访谈的顺序组合

B. 研究侧重于横向研究,注重"暖心服务队"队员的主观感受

C. 研究体现出"暖心服务队"队员作为研究对象的个别性特点

D. 研究过程中,资料的获取、梳理和探究相互衔接并融为一体

【答案】D

【单选题】在社会工作研究中,个案研究方法是重要的研究方法之一。关于个案研究法优点的说法,正确的是(　　)。(真题)

A. 资料的格式基本统一,便于比较分析

B. 研究的结果具有整体性,可推论到相似个案

C. 有利于针对研究对象的问题提出具体的解决方案

D. 有助于实地研究前形成研究思路并进行理论构建

【答案】 C

【多选题】小林以F机构为样品,开展个案研究,目的是了解项目化运作对社会工作服务机构发展的影响。关于该研究的说法,正确的有(　　)。(真题)

A. 该研究能更多地体现F机构发展的个别性特点

B. 该研究需要严格按照预定步骤进行各项研究工作

C. 该研究可以帮助形成社会工作服务机构发展影响因素的理论

D. 该研究结果可以反映F机构所在地域的所有机构发展的情况

E. 该研究收集的资料包括F机构的访谈记录、观察记录和服务档案等

【答案】 ACE

章节练习

手机微信扫描【章节练习】旁边的二维码或电脑浏览器打开 https://shegong.ek100.cn/ 即可进入智能题库进行章节练习。

第九章　社会政策与法规

本章应试分析

本章分别介绍了我国特定人群(老年人、妇女、未成年人、残疾人)的社会政策和特定领域(婚姻家庭、社会救助、劳动就业、医疗保障、社区治理与促进社会组织发展)的社会政策。在历年的考试中,本章涉及分值约为12分,通常会出8道单选题,2道多选题。

本章在考试中大多考查具体的法律条文,考查的范围比较广、知识点较细。考生在学习重点的内容时,可以阅读相关的法律法规全文。

思维导图

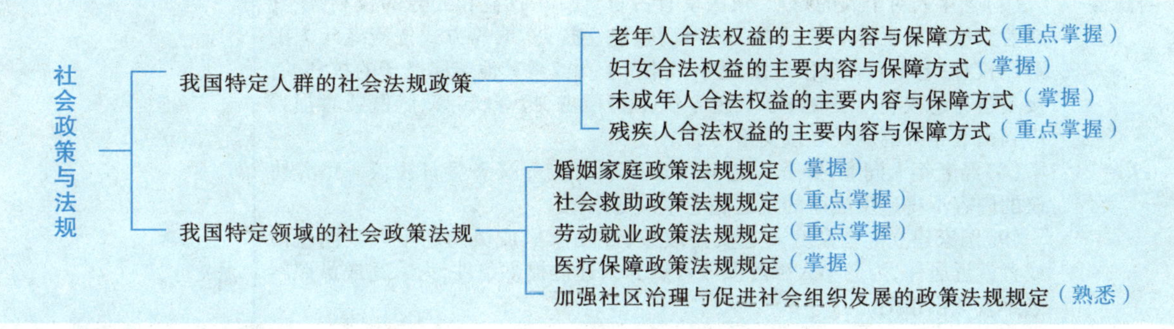

名师同步精讲

项　目	内　容
社会政策的概念	政府在一定的社会价值指导下,为了达到某种社会性目标而采取的社会行动的总和
特征(与其他公共政策相比)	社会性的目标;社会性的价值;基本需要原则;福利性的原则;社会服务与社会治理相结合;社会目标与经济目标相协调

名师指导

本考点内容在考试大纲中已删除,考生了解即可。

第一节　我国特定人群的社会法规政策

一、老年人合法权益的主要内容与保障方式(重点掌握)

(一)老年人合法权益的主要内容

项　目	内　容
家庭赡养与扶养	(1)赡养人应当使患病的老年人及时得到治疗和护理;对经济困难的老年人,应当提供医疗费用;对生活不能自理的老年人,赡养人应当承担照料责任;不能亲自照料的,可以按照老年人的意愿委托他人或者养老机构等照料 (2)赡养人应当妥善安排老年人的住房,不得强迫老年人居住或者迁居条件低劣的房屋;老年人自有的或者承租的住房,子女或者其他亲属不得侵占,不得擅自改变产权关系或者租赁关系;老年人自有的住房,赡养人有维修的义务

考查年份:2012～2013年、2015～2016年、2019年。基本属于必考点,主要通过案例的形式让考生根据法律的相关规定判定对错,出题范围较广。主要考查方向为:老年人合法权益的内容,尤其是获得家庭赡养与扶养的权利。

续上表

项目	内容
家庭赡养与扶养	(3)赡养人有义务耕种或者委托他人耕种老年人承包的田地，照管或者委托他人照管老年人的林木和牲畜等，收益归老年人所有 (4)家庭成员应当关心老年人的精神需求，不得忽视、冷落老年人；与老年人分开居住的家庭成员，应当经常看望或者问候老年人；用人单位应当按照国家有关规定保障赡养人探亲休假的权利 (5)老年人与配偶有相互扶养的义务；由兄、姐扶养的弟、妹成年后，有负担能力的，对年老无赡养人的兄、姐有扶养的义务 (6)老年人的婚姻自由受法律保护。子女或者其他亲属不得干涉老年人离婚、再婚及婚后的生活；赡养人的赡养义务不因老年人的婚姻关系变化而消除 (7)老年人对个人的财产，依法享有占有、使用、收益和处分的权利，子女或者其他亲属不得干涉，不得以窃取、骗取、强行索取等方式侵犯老年人的财产权益；老年人有依法继承父母、配偶、子女或者其他亲属遗产的权利，有接受赠与的权利。子女或者其他亲属不得侵占、抢夺、转移、隐匿或者损毁应当由老年人继承或者接受赠与的财产 (8)经老年人同意，赡养人之间可以就履行赡养义务签订协议。赡养协议的内容不得违反法律的规定和老年人的意愿 (9)国家建立健全家庭养老支持政策，鼓励家庭成员与老年人共同生活或者就近居住，为老年人随配偶或者赡养人迁徙提供条件，为家庭成员照料老年人提供帮助
社会保障	(1)国家通过基本养老保险制度、基本医疗保险和农村新农合制度，保障老年人的基本生活和基本医疗需要 (2)国家逐步开展长期护理保障工作，保障老年人的护理需求；对生活长期不能自理、经济困难的老年人，地方各级人民政府应当根据其失能程度等情况给予护理补贴 (3)国家对经济困难的老年人给予基本生活、医疗、居住或者其他救助；老年人无劳动能力、无生活来源、无赡养人和扶养人，或者其赡养人和扶养人确无赡养能力或者扶养能力的，由地方各级人民政府依照有关规定给予供养或者救助 (4)地方各级人民政府在实施廉租住房、公共租赁住房等住房保障制度或者进行危旧房屋改造时，应当优先照顾符合条件的老年人 (5)国家建立和完善老年人福利制度，根据经济社会发展水平和老年人的实际需要，增加老年人的社会福利；国家鼓励地方建立80周岁以上低收入老年人高龄津贴制度；国家建立和完善计划生育家庭老年人扶助制度 (6)老年人可以与集体经济组织、基层群众性自治组织、养老机构等组织或者个人签订遗赠扶养协议或者其他扶助协议；负有扶养义务的组织或者个人按照遗赠扶养协议，承担该老年人生养死葬的义务，享有受遗赠的权利
社会服务	①发展目标：到2020年，全面建成以居家为基础、社区为依托、机构为支撑的养老服务体系②主要任务：统筹规划发展城市养老服务设施；大力发展居家养老服务网络；大力加强养老机构建设；切实加强农村养老服务；繁荣养老服务消费市场；积极推进医疗卫生与养老服务相结合
社会优待	(1)各级人民政府和有关部门应当为老年人及时、便利地领取养老金、结算医疗费和享受其他物质帮助提供条件

老年人合法权益的主要内容主要参考《老年人权益保障法》，考生可通过《老年人权益保障法》查看更详细的法律条文。

续上表

项　目	内　容
社会优待	(2)老年人因其合法权益受侵害提起诉讼交纳诉讼费确有困难的,可以缓交、减交或者免交;需要获得律师帮助,但无力支付律师费用的,可以获得法律援助 (3)医疗机构应当为老年人就医提供方便,对老年人就医予以优先安排。有条件的地方,可以为老年人设立家庭病床,开展巡回医疗、护理、康复、免费体检等服务。提倡为老年人义诊 (4)提倡与老年人日常生活密切相关的服务行业为老年人提供优先、优惠服务
宜居环境	(1)各级人民政府在制定城乡规划时,应当根据人口老龄化发展趋势、老年人口分布和老年人的特点,统筹考虑适合老年人的公共基础设施、生活服务设施、医疗卫生设施和文化体育设施建设 (2)国家制定和完善涉及老年人的工程建设标准体系,在规划、设计、施工、监理、验收、运行、维护、管理等环节加强相关标准的实施与监督
社会发展	(1)制定法律、法规、规章和公共政策,涉及老年人权益重大问题的,应当听取老年人和老年人组织的意见 (2)国家为老年人参与社会发展创造条件。根据社会需要和可能,鼓励老年人在自愿和量力的情况下,从事活动 (3)老年人参加劳动的合法收入受法律保护。任何单位和个人不得安排老年人从事危害其身心健康的劳动或者危险作业 (4)老年人有继续受教育的权利。国家发展老年教育,把老年教育纳入终身教育体系,鼓励社会办好各类老年学校 (5)国家和社会采取措施,开展适合老年人的群众性文化、体育、娱乐活动,丰富老年人的精神文化生活

(二)老年人合法权益的保障方式

项　目	内　容
政府部门保护	《老年人权益保障法》规定,老年人合法权益受到侵害的,被侵害人或者其代理人有权要求有关部门处理。对不履行保护老年人合法权益职责的部门或者组织,其上级主管部门要对其给予批评教育,责令改正
司法保护	《老年人权益保障法》规定,老年人合法权益受到侵害的,被侵害人或者其代理人有权依法向人民法院提起诉讼
社会组织保护	《老年人权益保障法》规定,国家机关、社会团体、企业事业单位和其他组织,基层群众性自治组织和依法设立的老年人组织,以及居民委员会应当反映老年人的要求,维护老年人合法权益,为老年人服务

母题精选

【单选题】老秦因年老体弱,将村里分给他的二亩地交由大儿子小刚和二儿子小力耕种。后来小力外出打工,小刚独自耕种二亩地。根据《老年人权益保障法》,该地的收益应归(　　)。(真题)

A. 村集体和老秦共同所有　　B. 小刚所有
C. 小刚和小力所有　　D. 老秦所有

【答案】 D

【单选题】根据《老年人权益保障法》，下列做法正确的是（　　）。（真题）

A. 侯某以让孩子安心学习为由，强迫70岁父亲住郊外条件低劣的住房

B. 程某帮助65岁的父亲照看林地，并把林地的收入都交给父亲

C. 张某与68岁的母亲关系不和，常年不回家看望母亲

D. 陈某以放弃继承权为由，不赡养82岁父亲

【答案】 B

二、妇女合法权益的主要内容与保障方式（掌握）

考查年份：2012～2013年、2015～2016年。属于常考点，一般通过两种方式考查，一种是通过案例的形式让考生判定相关行为是否符合法律规定，另一种是直接的法律条文，让考生选择或者判断。主要考查方向为：妇女合法权益的内容，尤其是劳动和社会保障权以及婚姻家庭权。

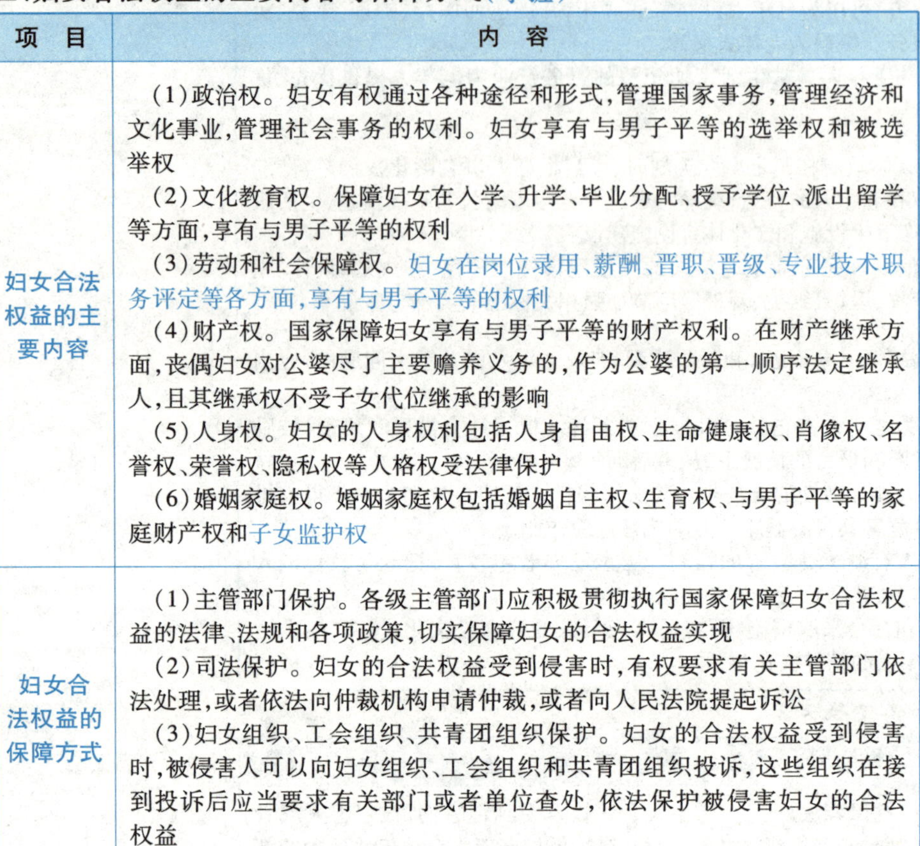

项　目	内　容
妇女合法权益的主要内容	（1）政治权。妇女有权通过各种途径和形式，管理国家事务，管理经济和文化事业，管理社会事务的权利。妇女享有与男子平等的选举权和被选举权 （2）文化教育权。保障妇女在入学、升学、毕业分配、授予学位、派出留学等方面，享有与男子平等的权利 （3）劳动和社会保障权。妇女在岗位录用、薪酬、晋职、晋级、专业技术职务评定等各方面，享有与男子平等的权利 （4）财产权。国家保障妇女享有与男子平等的财产权利。在财产继承方面，丧偶妇女对公婆尽了主要赡养义务的，作为公婆的第一顺序法定继承人，且其继承权不受子女代位继承的影响 （5）人身权。妇女的人身权利包括人身自由权、生命健康权、肖像权、名誉权、荣誉权、隐私权等人格权受法律保护 （6）婚姻家庭权。婚姻家庭权包括婚姻自主权、生育权、与男子平等的家庭财产权和子女监护权
妇女合法权益的保障方式	（1）主管部门保护。各级主管部门应积极贯彻执行国家保障妇女合法权益的法律、法规和各项政策，切实保障妇女的合法权益实现 （2）司法保护。妇女的合法权益受到侵害时，有权要求有关主管部门依法处理，或者依法向仲裁机构申请仲裁，或者向人民法院提起诉讼 （3）妇女组织、工会组织、共青团组织保护。妇女的合法权益受到侵害时，被侵害人可以向妇女组织、工会组织和共青团组织投诉，这些组织在接到投诉后应当要求有关部门或者单位查处，依法保护被侵害妇女的合法权益

本部分的内容主要参考《妇女权益保障法》，考生可通过《妇女权益保障法》查看更详细的法律条文。

母题精选

【单选题】村民任某丧夫，育有独生儿子小君。任某与小君的爷爷、奶奶共同居住，共同照料小君。后任某改嫁邻村王某，小君的爷爷、奶奶不允许任某将小君带走，要求自行监护。关于对小君监护权的说法，正确的是（　　）。（真题）

A. 爷爷、奶奶对小君有优先监护权

B. 任某因再婚对小君不再有监护权

C. 任某对小君的监护权不因再婚而改变

D. 任某对小君是否具有监护权要看小君是否改姓而定

【答案】 C

【单选题】根据《妇女权益保障法》，丧偶妇女对公婆尽了主要赡养义务的，可作为公婆的（　　）法定继承人。（真题）

A. 第一顺序　　B. 第二顺序

C. 第三顺序　　D. 第四顺序

【答案】 A

三、未成年人合法权益的主要内容与保障方式(掌握)

项　目	内　容
未成年人权益的主要内容	生存权(最基本的权利);发展权;受保护权;参与权;受教育权
未成年人权益保障方式	(1)家庭保护。①监护和抚养;②关爱与引导;③教育培养;④民主尊重 (2)学校保护。①实施素质教育;②关爱与尊重;③开展成长教育;④确保健康与安全 (3)社会保护。①创造良好的社会文化环境;②保障受教育权;③提供多样化的活动场所;④提供丰富健康的文化产品;⑤预防网瘾;⑥提供安全的消费和娱乐产品;⑦净化未成年人的生活环境;⑧实施特殊的劳动保护;⑨尊重未成年人的隐私;⑩保护未成年人的人身与生命安全;⑪为特殊需要的未成年人提供社会救助;⑫加强卫生保健与疾病预防;⑬支持鼓励发展幼儿教育;⑭保护智力成果和名誉权;⑮提供职业教育 (4)司法保护。用法律的手段保护未成年人的合法权益;在司法实践中注意维护未成年人的合法权益不受侵犯
未成年人不良行为和犯罪的预防和矫治	(1)预防未成年人犯罪的教育 (2)对未成年人不良行为的预防 (3)对未成年人严重不良行为的矫治 (4)对未成年人重新犯罪的预防 (5)预防未成年人犯罪的法律责任
孤儿和流浪未成年人的保护与安置	(1)孤儿安置 (2)孤儿基本权益保障 (3)加强儿童福利机构设施,提高专业保障水平 (4)流浪未成年人救助保护

考查年份:2013～2014年、2016年。属于常考点。主要考查方向为:未成年人权益的保障方式。

本部分内容主要参考《未成年人保护法》,考生可通过《未成年人保护法》查看更详细的法律条文。

母题精选

【单选题】某中学在课间操时段发生了踩踏事件,造成一些学生受伤。经调查发现,该中学没有制定应对意外伤害突发事件的预案,也未配备相应设施并进行必要的演练。根据《未成年人保护法》,该中学未履行(　　)的职责。(真题)

A. 家庭保护　　B. 社会保护　　C. 学校保护　　D. 司法保护

【答案】C

【单选题】下列各项中,(　　)是未成年人最基本的权利。

A. 生存权　　B. 发展权

C. 参与权　　D. 受保护权

【答案】A

四、残疾人合法权益的主要内容与保障方式（重点掌握）

项　目	内　容
残疾人合法权益的主要内容	（1）康复权。具体包括：①康复总体方针（包括以社区为基础，以机构为骨干，以家庭为依托）；②康复机构建设；③康复活动开展；④康复人才培养；⑤康复器械提供 （2）教育。具体包括：①义务教育与特殊资助；②以特性施教；③残疾人教育机构建设；④残疾人普通教育；⑤残疾人特殊教育；⑥残疾人成人教育；⑦残疾人师资培养；⑧残疾人教育辅助手段 （3）劳动就业。具体包括：①残疾人劳动就业方式；②残疾人就业促进；③残疾人就业保护；④残疾人就业培训 （4）文化生活。国家保障残疾人享有平等参与文化生活的权利，各级人民政府和有关部门鼓励、帮助残疾人参加各种文化、体育、娱乐活动，积极创造条件，丰富残疾人精神文化生活 （5）社会保障。具体包括：①社会保险；②社会救助；③“三无”（无劳动能力、无扶养人或者扶养人不具有扶养能力、无生活来源）残疾人供养；④残疾人公共服务，即残疾人可以免费携带随身必备的辅助器具；盲人持有效证件免费乘坐市内公共汽车、电车、地铁、渡船等公共交通工具；盲人读物邮件免费寄递等 （6）环境友好权。具体包括：①无障碍设施的建设和改造；②信息交流无障碍；③公共服务无障碍；④政治参与无障碍
残疾人合法权益的保障方式	（1）加强立法，进一步完善残疾人法律、法规体系 （2）加强保障残疾人权益的法制宣传工作 （3）强化执法监督检查和视察，用法律手段保障残疾人的合法权益 （4）开展法律服务和法律援助，维护残疾人的合法权益

考查年份：2012～2016年。本考点在近几年考试中考查较少，但是在前几年中每年必考，考生应当重点掌握。考查形式多为判断法律相关规定的对错，比较简单。主要考查方向为：残疾人合法权益的内容，尤其是康复权、社会保障以及环境友好权。

本部分内容主要参考《残疾人保障法》，考生可通过《残疾人保障法》查看更详细的法律条文。

母题精选

【单选题】东部某企业家希望向西部某特殊教育学校赠送1 000本盲文读物。根据《残疾人保障法》，对于这些盲文读物，邮局应当（　　）邮寄。（真题）

A. 免费　　B. 减免1/3邮费

C. 半费　　D. 减免1/4邮费

微信扫描

【答案】A

【单选题】关于残疾人合法权益的说法，符合《残疾人保障法》规定的是（　　）。（真题）

A. 盲人可定期免费领取图书

B. 盲人持有效证件可免费乘坐市内公共汽车

C. 生活不能自理的残疾人每月可获300元护理补贴

D. 公共停车场需按10%的比例设置残疾人专用停车位

【答案】B

【单选题】根据《残疾人保障法》，残疾人康复工作应当(　　)。(真题)

A. 以社区康复为基础，康复机构为依托

B. 以康复机构为基础，社区康复为依托

C. 以机构康复为基础，残疾人家庭为依托

D. 以社区康复为基础，残疾人家庭为依托

【答案】 D

第二节　我国特定领域的社会政策法规

一、婚姻家庭政策法规规定(掌握)

项　目	内　容
结婚的规定	(1)结婚必备条件。男女双方完全自愿;达到法定年龄(男不得早于22周岁,女不得早于20周岁) (2)结婚禁止条件。①血亲。直系血亲和三代以内的旁系血亲;②疾病。患有医学上认为不应当结婚的疾病 (3)结婚登记。①领证;②成为对方家庭成员 (4)婚姻无效。①重婚;②有禁止结婚的亲属关系的;③婚前患有医学上认为不应当结婚的疾病,婚后尚未治愈的;④未到法定婚龄的
家庭关系的规定	(1)夫妻关系 ①夫妻人身关系。姓名权;人身自由权;计划生育义务 ②夫妻财产关系。共同财产;约定财产 ③夫妻相互扶养的权利与义务。互相忠诚;互相尊重;互相抚养,互相继承遗产 (2)亲子关系(包括婚生和非婚生) ①父母对子女有抚养教育的义务。禁止溺婴、弃婴和其他残害婴儿的行为;子女可以随父姓,也可以随母姓 ②子女对父母有赡养扶助的义务。付给赡养费;尊重父母的婚姻权利;父母离婚,子女也要赡养;相互继承遗产 (3)祖孙、兄弟姐妹关系 ①第二顺序的继承人 ②抚养和赡养(祖孙关系);相互扶养(兄弟姐妹关系)
离婚的规定	(1)离婚方式。自愿离婚;诉讼离婚 (2)离婚条件。①重婚或有配偶者与他人同居的;②实施家庭暴力或虐待、遗弃家庭成员的;③有赌博、吸毒等恶习屡教不改的;④因感情不和分居满两年的;⑤其他导致夫妻感情破裂的情形;⑥一方被宣告失踪,另一方提出离婚诉讼的,应准予离婚

考查年份：2012～2014年、2018年。属于常考点，主要考查方向为：结婚、家庭关系以及离婚的相关规定，考生要学会判断相关规定的正确性。

夫妻双方在婚姻关系存续期间所得的工资、奖金、生产或经营的收益、知识产权的收益、继承或赠与所得的财产以及其他应当归共同所有的财产，都归夫妻双方共同所有。双方或一方的其他合法收入，夫妻各自的婚前财产和双方约定为个人所有的财产，应归夫妻个人所有，不属于共同财产的范围。

续上表

项　目	内　容
离婚的规定	(3)离婚后的父母子女关系不因父母离婚而消除 (4)离婚后夫妻财产的处理 ①夫妻的共同财产。由双方协议处理;协议不成时,由人民法院根据财产的具体情况、照顾子女和女方权益的原则判决 ②夫或妻在家庭土地承包经营中享有的权益等,应当依法予以保护 ③夫妻书面约定婚姻关系存续期间所得的财产归各自所有,一方因抚育子女、照料老人、协助另一方工作等付出较多义务的,离婚时有权向另一方请求补偿,另一方应当予以补偿 ④夫妻共同债务应共同偿还 ⑤如一方生活困难,另一方应从其住房等个人财产中给予适当帮助,具体办法由双方协议;协议不成时,由人民法院判决
救助措施的规定	(1)家庭暴力与虐待的救助 (2)对被遗弃的家庭成员的救助

本部分内容主要参考《婚姻法》。

母题精选

【单选题】王某与张某于2006年登记结婚。在下列各类财产中,属于夫妻共同财产的是(　　)。(真题)

A. 王某于2008年出版了一部小说,所得稿费5万元

B. 王某于2011年因车祸致残,所得生活补助费10万元

C. 张某于2003年以个人名义一次性付款购买的一套住房

D. 王某于2009年依法继承其父遗嘱中,确定只归王某所有的遗产7万元

【答案】A

【单选题】根据《婚姻法》,关于婚姻家庭关系的说法,正确的是(　　)。(真题)

A. 夫妻无相互扶养的权利与义务

B. 子女应当随父姓

C. 孙子女对祖父母无赡养义务

D. 非婚生子女享有与婚生子女同等的权利

【答案】D

【单选题】根据《婚姻法》的规定,下列情形不影响婚姻效力的是(　　)。

A. 重婚的

B. 未到法定婚龄的

C. 婚前隐瞒财产收入的

D. 有禁止结婚的亲属关系的

【答案】C

二、社会救助政策法规规定（重点掌握）

（一）居民最低生活保障制度

项　目	内　容
资格条件	《最低生活保障审核审批办法(试行)》(以下简称《低保审核审批办法》)规定,认定低保对象的3个基本要件是:户籍状况、家庭收入和家庭财产。持有当地常住户口的居民,凡共同生活的家庭成员人均收入低于当地低保标准,且家庭财产状况符合当地人民政府规定条件的,可以申请低保 【提示】共同生活的家庭成员包括:①配偶;②父母和未成年子女;③已成年但不能独立生活的子女,包括在校接受本科及其以下学历教育的成年子女;④其他具有法定赡养、扶养、抚养义务关系并长期共同居住的人员
低保的申请与审核	(1)申请低保应当以家庭为单位,由户主或其代理人以户主的名义向户籍所在地乡镇人民政府(街道办事处)提出书面申请 (2)申请人有下列情况之一的,可以单独提出申请:①困难家庭中丧失劳动能力且单独立户的成年重度残疾人;②脱离家庭、在宗教场所居住3年以上(含3年)的生活困难的宗教教职人员 (3)申请人应当履行以下义务:①按规定提交相关材料,书面声明家庭收入和财产状况,并签字确认;②履行授权核查家庭经济状况的相关手续;③承诺所提供的信息真实、完整 (4)申请低保时,申请人与低保经办人员和村(居)民委员会成员有近亲属关系的,应当如实申明。对已受理的低保经办人员和村(居)民委员会成员近亲属的低保申请,乡镇人民政府(街道办事处)应当进行单独登记
低保申请的家庭经济状况调查	家庭经济状况是指申请人及其家庭成员拥有的全部可支配收入和家庭财产 (1)家庭可支配收入是指扣除缴纳的个人所得税及个人按规定缴纳的社会保障性支出后的收入。主要包括:①工资性收入;②家庭经营净(纯)收入;③财产性收入;④转移性收入;⑤其他应当计入家庭收入的项目 (2)家庭财产主要包括:①银行存款和有价证券;②机动车辆(残疾人功能性补偿代步机动车辆除外)和船舶;③房屋;④债权;⑤其他财产
低保金的发放	低保金原则上实行社会化发放,通过银行、信用社等代理金融机构,直接支付到低保家庭的账户。低保金应当按月发放,每月10日前发放到户。金融服务不发达的农村地区,低保金可以按季发放,每季度初10日前发放到户

考查年份:2012～2019年。属于必考点,每年都会出现1～2道单选题或多选题。主要考查方向为:①低保对象的资格条件;②低保申请的家庭经济状况调查以及审查与审批;③医疗救助的形式;④流浪乞讨人员救助内容。

本部分内容主要参考《最低生活保障审核审批办法(试行)》。

母题精选

【多选题】根据《最低生活保障审核审批办法(试行)》,家庭可支配收入主要包括(　　)。(真题)

A. 工资性收入
B. 家庭经营净(纯)收入
C. 财产性收入
D. 转移性收入
E. 债权

【答案】ABCD

微信扫描

【单选题】根据《国务院关于进一步加强和改进最低生活保障工作的意见》，不属于最低生活保障对象认定基本条件的是(　　)。

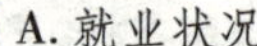

A. 就业状况　　B. 户籍状况　　C. 家庭收入　　D. 家庭财产

【答案】 A

(二)医疗救助政策法规

项　目	内　容
救助对象的界定标准	根据《关于进一步完善城乡医疗救助制度的意见》的规定，具体救助对象界定标准，由地方民政部门会同财政等有关部门，根据本地经济条件和医疗救助基金筹集情况、困难群众的支付能力以及基本医疗需求等因素制定，并报同级人民政府批准
救助对象	(1)城市医疗救助的对象。①城市居民最低生活保障对象中未参加城镇职工基本医疗保险的人员；②已参加城镇职工基本医疗保险但个人负担仍然较重的人员和其他特殊困难群众 (2)农村医疗救助的对象。①农村五保户和农村贫困户家庭成员；②地方政府规定的其他符合条件的农村贫困农民 (3)其他经济困难家庭人员。低收入家庭重病患者以及当地政府规定的其他特殊困难人员
救助形式	(1)城市医疗救助的形式。对救助对象在扣除各项医疗保险可支付部分、单位应报销部分及社会互助帮困等后，个人负担超过一定金额的医疗费用或特殊病种医疗费用给予一定比例或一定数量的补助 (2)农村医疗救助的形式 ①开展新型农村合作医疗的地区，资助医疗救助对象缴纳个人应负担的全部或部分资金，参加当地合作医疗，享受合作医疗待遇。因患大病经合作医疗补助后个人负担医疗费用过高，影响家庭基本生活的，再给予适当的医疗救助 ②尚未开展新型农村合作医疗的地区，对因患大病个人负担费用难以承担，影响家庭基本生活的，给予适当医疗救助 ③国家规定的特种传染病救治费用，按有关规定给予补助

本部分内容主要参考《关于建立城市医疗救助制度试点工作的意见》《关于实施农村医疗救助的意见》《关于进一步完善城乡医疗救助制度的意见》。

母题精选

【单选题】根据《进一步完善城乡医疗救助制度的意见》，下列人员中，不属于医疗救助对象的是(　　)。(真题)

A. 低保家庭成员丁某　　B. 患尿毒症的单身退休老人老赵

C. 五保户李老太　　D. 低收入家庭中患精神病的王某

微信扫描

【答案】 B

【多选题】根据《关于进一步完善城乡医疗救助制度的意见》，具体医疗救助标准的制定依据有(　　)。(真题)

A. 困难群众的支付能力　　B. 当地经济条件

C. 医疗救助基金筹集情况　　D. 基本医疗需求

E. 新型农村合作医疗覆盖面

微信扫描

【答案】ABCD

(三)教育救助政策

项　目	内　容
教育救助的对象	国家对在义务教育阶段就学的最低生活保障家庭成员、特困供养人员，给予教育救助。对在高中教育(含中等职业教育)、普通高等教育阶段就学的最低生活保障家庭成员、特困供养人员，以及不能入学接受义务教育的残疾儿童，根据实际情况给予适当教育救助
教育救助的形式	教育救助根据不同教育阶段需求，采取减免相关费用、发放助学金、给予生活补助、安排勤工助学等方式实施，保障教育救助对象基本学习、生活需求
未成年人教育救助的目标	(1)对持有农村五保供养证和属于城市“三无”对象的未成年人，基本实现普通中小学免费教育 (2)对持有城乡最低生活保障证和农村特困户救助证家庭的子女在义务教育阶段基本实现“两免一补”，高中教育阶段要提供必要的学习和生活补助

本部分内容主要参考《社会救助暂行办法》。

两免一补：免杂费、免书本费、补助寄宿生活费。

母题精选

【单选题】小华7岁，其家庭享受城市最低生活保障待遇，小华上小学可以(　　)。

A. 免收杂费，减收书本费　　B. 减收杂费和书本费

C. 免收书本费，减收杂费　　D. 免收杂费和书本费

微信扫描

【答案】D

(四)住房救助法规与政策

项　目	内　容
住房救助的含义	国家对符合规定标准的住房困难的最低生活保障家庭、分散供养的特困人员，给予住房救助。住房救助通过配租公共租赁住房、发放住房租赁补贴、农村危房改造等方式实施
住房救助申请	城镇家庭申请住房救助的，应当经由乡镇人民政府、街道办事处或者直接向县级人民政府住房保障部门提出，经县级人民政府民政部门审核家庭收入、财产状况和县级人民政府住房保障部门审核家庭住房状况并公示后，对符合申请条件的申请人，由县级人民政府住房保障部门优先给予保障

本部分内容主要参考《社会救助暂行办法》，在考试中未出现过，考生了解即可。

(五)司法救助政策法规

项 目	内 容
司法救助的范围	当事人为维护自己的合法权益,向人民法院提起民事、行政诉讼,但经济确有困难且具有下列情形之一的,可以向人民法院申请司法救助 (1)追索赡养费、扶养费、抚育费、抚恤金的 (2)生活困难的孤寡老人、孤儿和农村"五保户" (3)没有固定生活来源的残疾人 (4)国家规定的优抚对象,生活困难的 (5)追索养老金、社会保险金、劳动报酬和生活确实困难的 (6)交通事故、医疗事故、工伤事故、产品质量事故或者其他人身伤害事故的受害人,追索医疗费用和物质赔偿,本人确实生活困难的 (7)正在享受城市居民最低生活保障或者失业救济金,无其他收入的、生活困难的 (8)因自然灾害等不可抗力造成生活困难,正在接受社会救济或者家庭生产经营难以为继的 (9)起诉行政机关违法要求农民履行义务的,生活困难的 (10)正在接受有关部门法律援助的 (11)当事人为社会福利机构、孤儿院、敬老院、优抚医院、精神病院、SOS儿童村等社会公共福利单位的和民政部门主管的社会福利企业的 (12)其他情形确实需要司法救助的
司法救助的实施	人民法院决定对一方当事人司法救助,对方当事人败诉的,诉讼费用由对方当事人交纳。对方当事人胜诉的,可视申请司法救助当事人的经济状况决定其减交、免交诉讼费用。同意减交诉讼费用的,减交比例不得低于30%

本部分内容主要参考《最高人民法院关于对经济有困难的当事人提供司法救助的规定》,在考试中未出现过,考生了解即可。

(六)流浪乞讨人员救助政策法规

本部分内容主要参考《城市生活无着的流浪乞讨人员救助管理办法》。

项 目	内 容
救助对象	一般是指流浪乞讨人员。具体如下 (1)因自身无力解决食宿,无亲友投靠,又不享受城市最低生活保障或者农村五保供养,正在城市流浪乞讨度日的人员 (2)虽有流浪乞讨行为,但不具备上述规定情形的,不属于救助对象
救助形式	在县级以上城市,由当地人民政府根据实际需要设立流浪乞讨人员救助站。救助站对流浪乞讨人员实施临时性社会救助措施
救助内容	(1)提供符合食品卫生要求的食物 (2)提供符合基本条件的住处 (3)对在站内突发急病的,及时送医院救治 (4)帮助与其亲属或者所在单位联系 (5)对没有交通费返回其住所地或者所在单位的,提供乘车凭证

救助站为受助人员提供的住处,应当按性别分室住宿。救助站应当保障受助人员在站内的人身安全和随身携带物品的安全。

母题精选

【多选题】救助站工作人员在街头发现了身无分文的流浪乞讨人员小何，将其接到救助站的第二晚，小何突然发烧，救助站可为小何提供的救助服务有(　　)。(真题)

A. 及时将其送医院救治
B. 提供符合基本条件的住处
C. 给予一定的生活救济金
D. 提供符合食品卫生要求的食物
E. 病愈后提供返回其居住地的乘车凭证

【答案】 ABDE

三、劳动就业政策法规规定(重点掌握)

考查年份：2012～2019年。属于必考点，每年基本上都会出现2～3道单选题或多选题，考查形式主要以理论为主，案例题较少。主要考查方向为：①劳动合同的效力与解除；②劳动的工作时间与工资保障；③失业保险金的领取；④工伤的认定；⑤劳动能力鉴定；⑥劳动争议的处理范围和程序。

(一)劳动关系的相关规定

本部分主要参考《劳动法》及《女职工劳动保护特别规定》。

项　目	内　容
劳动就业规定	(1)提出了国家在扶持就业方面的责任 (2)提出了劳动用工基本要求
劳动合同规定	(1)在劳动合同的订立和变更方面。《劳动法》规定，在订立原则上，劳动合同的订立和变更应当遵循平等自愿、协商一致的原则，不得违反法律、法规的规定。在订立形式上，劳动合同应当以书面形式订立 (2)在劳动合同的效力方面。无效情形：①违反法律、行政法规的劳动合同；②采取欺诈、威胁等手段订立的劳动合同 (3)在劳动合同的内容方面。劳动合同的内容一般包括必备条款和约定条款两部分 (4)在劳动合同的解除方面。禁止解除的情形：①患职业病或者因工负伤并被确认丧失或者部分丧失劳动能力的；②患病或者负伤，在规定医疗期内的；③女职工在孕期、产期、哺乳期内的；④法律、行政法规规定的其他情形
工作时间规定	(1)在工作时间标准上。国家实行劳动者每日工作时间不超过8小时，平均每周工作时间不超过44小时 (2)在休假方面。《劳动法》规定的休假有：①法定节假日；②年休假，劳动者连续工作1年以上的，享受带薪年休假；③产假，女职工生育享受不少于98天的产假；④婚丧假 (3)在延长工作时间限制方面 ①对延长工时的限制。对怀孕7个月以上或有哺乳未满1周岁的婴儿的女职工，不得安排延长工作时间。用人单位应当在每天的劳动时间内为哺乳期女职工安排1小时哺乳时间；女职工生育多胞胎的，每多哺乳1个婴儿每天增加1小时哺乳时间 每日延长工作时间一般不得超过1小时。因特殊原因需要延长工作时间的，在保障劳动者身体健康的条件下延长工作时间每日不得超过3小时，但是每月不得超过36小时。但下面两种情况除外 a. 发生自然灾害、事故或者因其他原因，威胁劳动者生命健康和财产安全，需要紧急处理的

续上表

项　目	内　容
工作时间规定	b. 生产设备、交通运输线路、公共设施发生故障，影响生产和公众利益，必须及时抢修的 ②对延长工作时间的工资报酬。安排劳动者延长工作时间的，应当支付不低于工资的150%的工资报酬。休息日安排劳动者工作又不能安排补休的，支付不低于工资的200%的工资报酬。法定休假日安排劳动者工作的，支付不低于工资的300%的工资报酬
工资保障规定	(1)在最低工资保障方面，国家实行最低工资保障制度 (2)在工资支付保障方面，不得克扣或者无故拖欠劳动者的工资，工资应当以货币形式按月支付给劳动者本人

加班1.5倍；休息日2倍；节假日3倍。

母题精选

【单选题】根据《劳动法》，下列情形中，延长劳动者工作时间不受每日不超过3小时，每月不超过36小时规定限制的是（　　）。（真题）

A. 劳动者主动要求延长工作时间的

B. 由于生产经营需要，经劳动行政部门批准的

C. 由于生产任务紧急，用人单位与工会和劳动者协商一致的

D. 发生自然灾害威胁劳动者生命健康和财产安全，需要紧急处理的

【答案】D

【单选题】根据《劳动法》，下列人员中，用人单位不得安排延长工作时间的是（　　）。（真题）

A. 怀孕3个月的小梅

B. 正哺乳9个月儿子的小芳

C. 半年前做了计划生育手术的小华

D. 独自抚养5岁女儿的单亲母亲小青

【答案】B

【单选题】根据《女职工劳动保护特别规定》，关于保护女职工的措施，正确的是（　　）。（真题）

A. 对怀孕7个月以上的女职工，用人单位不得延长劳动时间或安排夜班劳动

B. 对哺乳2周岁婴儿的女职工，用人单位不得延长劳动时间或安排夜班劳动

C. 怀孕女职工在劳动时间内进行产前检查，所需时间不计入劳动时间

D. 用人单位在每天的劳动时间内为哺乳期女职工安排30分钟哺乳时间

微信扫描

【答案】A

(二)失业保险的相关规定

本部分主要参考《失业保险条例》。

项　目	内　容
失业保险金领取条件	(1)按照规定参加失业保险，所在单位和本人已按照规定履行缴费义务满1年的 (2)非因本人意愿中断就业的 (3)已办理失业登记，并有求职要求的

续上表

项目	内容
停止领取失业保险金的条件	有下列情形之一,停止领取失业保险金,并同时停止享受其他失业保险待遇 (1)重新就业的 (2)应征服兵役的 (3)移居境外的 (4)享受基本养老保险待遇的 (5)被判刑收监执行或者被劳动教养的 (6)无正当理由,拒不接受当地人民政府指定的部门或者机构介绍的工作的 (7)有法律、行政法规规定的其他情形的
失业保险金领取的期限	(1)累计缴费时间满1年不足5年的——最长为12个月 (2)累计缴费时间满5年不足10年的——最长为18个月 (3)累计缴费时间10年以上的——最长为24个月 (4)重新就业后再次失业的——缴费时间重新计算,领取失业保险金的期限可以与前次失业应领取而尚未领取的失业保险金的期限合并计算,但是最长不得超过24个月
失业保险金的监管	失业保险金依法从失业保险基金中列支 失业保险基金必须存入财政部门在国有商业银行开设的社会保障基金财政专户,实行收支两条线管理,由财政部门依法进行监督。失业保险基金必须专款专用,不得挪作他用,不得用于平衡财政收支

母题精选

【单选题】小宇大学毕业后,当年7月到某银行工作。次年3月,因经济危机裁员,小宇被银行辞退,随即办理失业登记,并积极求职。工作期间,银行和小宇按规定缴纳了9个月的失业保险费。根据《失业保险条例》,小宇(　　)。(真题)

A. 可领取9个月失业保险金　　B. 可领取6个月失业保险金

C. 可领取3个月失业保险金　　D. 不可领取失业保险金

【答案】 D

【多选题】根据《失业保险条例》,关于失业保险金领取期限的说法,正确的是(　　)。(真题)

A. 失业人员小李,已缴失业保险费2年,此次失业最长可领取失业保险金12个月

B. 失业人员小陈,已缴失业保险费5年,此次失业最长可领取失业保险金15个月

C. 失业人员小贾,已缴失业保险费9年,此次失业最长可领取失业保险金18个月

D. 失业人员小孙,已缴失业保险费11年,此次失业最长可领取失业保险金20个月

E. 失业人员小张,已缴失业保险费15年,此次失业最长可领取失业保险金24个月

【答案】 ACE

(三)工伤保险政策法规

本部分内容主要参考《工伤保险条例》。

1. 工伤的认定

项 目	内 容
认定工伤	(1)在工作时间和工作场所内,因工作原因受到事故伤害的 (2)工作时间前后在工作场所内,从事与工作有关的预备性或者收尾性工作受到事故伤害的 (3)在工作时间和工作场所内,因履行工作职责受到暴力等意外伤害的 (4)患职业病的 (5)因工外出期间,由于工作原因受到伤害或者发生事故下落不明的 (6)在上下班途中,受到非本人主要责任的交通事故或者城市轨道、客运轮渡、火车事故伤害的 (7)法律、行政法规规定应当认定为工伤的其他情形
视同工伤	(1)在工作时间和工作岗位,突发疾病死亡或者在48小时之内经抢救无效死亡的 (2)在抢险救灾等维护国家利益、公共利益活动中受到伤害的 (3)职工原在军队服役,因战、因公负伤致残,已取得革命伤残军人证,到用人单位后旧伤复发的
不得认定为工伤或者视同工伤	(1)故意犯罪的 (2)醉酒或吸毒的 (3)自残或者自杀的

工伤认定为常考点,多以案例的形式让考生判断是否可以认定或视同工伤。由于认定或视同工伤的情形较多,考生可通过记忆不能认定的情形,从而利用排除法进行答题。

2. 劳动能力鉴定的概念、程序和期限要求

项 目	内 容
劳动能力鉴定的概念	劳动能力鉴定是指劳动功能障碍程度和生活自理障碍程度的等级鉴定 (1)劳动功能障碍分为10个伤残等级,最重的为1级,最轻的为10级 (2)生活自理障碍分为3个等级:生活完全不能自理、生活大部分不能自理和生活部分不能自理
劳动能力鉴定的程序	(1)由用人单位、工伤职工或者其直系亲属向设区的市级劳动能力鉴定委员会提出申请,并提供工伤认定决定和职工工伤医疗的有关资料 (2)设区的市级劳动能力鉴定委员会收到劳动能力鉴定申请后,应当从其建立的医疗卫生专家库中随机抽取3名或者5名相关专家组成专家组,由专家组提出鉴定意见 (3)设区的市级由劳动能力鉴定委员会根据专家组的鉴定意见作出工伤职工劳动能力鉴定结论
劳动能力鉴定的期限要求	设区的市级劳动能力鉴定委员会应当自收到劳动能力鉴定申请之日起60日内作出劳动能力鉴定结论,必要时,作出劳动能力鉴定结论的期限可以延长30日

3. 工伤保险待遇

项　目	内　容
工伤医疗待遇	(1)职工治疗工伤应当在签订服务协议的医疗机构就医,情况紧急时可以先到就近的医疗机构急救 (2)治疗费用。符合标准的,从工伤保险基金支付 (3)交通、伙食补助费。经办机构同意,从工伤保险基金支付 (4)辅助器械费用。按国家规定的标准,从工伤保险基金支付 (5)停工留薪期间的待遇。在停工留薪期内,原工资福利待遇不变,由所在单位按月支付。停工留薪期一般不超过12个月。可以适当延长,但延长不得超过12个月。工伤职工评定伤残等级后,停发原待遇,按照有关规定享受伤残待遇 (6)生活护理费。经确认需要生活护理的,从工伤保险基金按月支付生活护理费
因工伤残待遇	(1)职工因工致残被鉴定为一级至四级伤残的,保留劳动关系,退出工作岗位,享受以下待遇 ①从工伤保险基金按伤残等级支付一次性伤残补助金。一级至四级分别为27个月、25个月、23个月、21个月的本人工资 ②从工伤保险基金按月支付伤残津贴。一级到四级分别为本人工资的90%、85%、80%、75% ③工伤职工达到退休年龄并办理退休手续后,停发伤残津贴,享受基本养老保险待遇。基本养老保险待遇低于伤残津贴的,由工伤保险基金补足差额 (2)职工因工致残被鉴定为五级、六级伤残的,享受以下待遇 ①从工伤保险基金按伤残等级支付一次性伤残补助金,五级和六级分别为18个月、16个月的本人工资 ②保留与用人单位的劳动关系,由用人单位安排适当工作。难以安排工作的,由用人单位按月发给伤残津贴,五级伤残为本人工资的70%,六级伤残为本人工资的60%,并由用人单位按照规定为其缴纳应缴纳的各项社会保险费。伤残津贴实际金额低于当地最低工资标准的,由用人单位补足差额 ③经工伤职工本人提出,该职工可以与用人单位解除或者终止劳动关系,由用人单位支付一次性工伤医疗补助金和伤残就业补助金。其具体标准由省、自治区、直辖市人民政府规定 (3)职工因工致残被鉴定为七级至十级伤残的,享受以下待遇 ①从工伤保险基金按伤残等级支付一次性伤残补助金,七级至十级分别为13个月、11个月、9个月、7个月的本人工资 ②劳动合同期满终止,或者职工本人提出解除劳动合同的,由用人单位支付一次性工伤医疗补助金和伤残就业补助金

生活护理费按照生活完全不能自理、生活大部分不能自理或者生活部分不能自理3个不同等级支付,其标准分别为统筹地区上年度职工月平均工资的50%、40%或者30%。

记忆小窍门:记住3/6/9三个伤残级别的一次性伤残补助金分别是23/16/9个月的本人工资。每一档中(1~4,5~6,7~10)伤残补助金的发放总月数是以2为常数的等差数列。

续上表

项　目	内　容
因公死亡待遇	职工因工死亡，其近亲属按照下列规定从工伤保险基金领取丧葬补助金、供养亲属抚恤金和一次性工亡补助金 （1）丧葬补助金。为6个月的统筹地区上年度职工月平均工资 （2）供养亲属抚恤金。按照职工本人工资的一定比例发给由因工死亡职工生前提供主要生活来源、无劳动能力的亲属。标准为：配偶每月40%；其他亲属每人每月30%，孤寡老人或者孤儿每人每月在上述标准的基础上增加10%。核定的各供养亲属的抚恤金之和不应高于因工死亡职工生前的工资 （3）一次性工亡补助金标准。为上一年度全国城镇居民人均可支配收入的20倍

伤残职工在停工留薪期内因工伤导致死亡的，其近亲属可享受第（1）项的待遇。一级至四级伤残职工在停工留薪期满后死亡的，其近亲属可以享受第（1）（2）项的待遇。

母题精选

【单选题】根据《工伤保险条例》，必要时，作出劳动能力鉴定结论的期限可以延长（　　）。（真题）

A. 15日　　B. 30日　　C. 45日　　D. 60日

微信扫描

【答案】B

【单选题】根据《工伤保险条例》，下列情形中，应当认定为工伤或视同工伤的是（　　）。

A. 小陈在与家人外出旅游途中遇车祸受伤

B. 老赵因醉酒操作机器失误，造成左腿骨折

C. 小周因失恋在单位跳楼自杀，导致严重受伤

D. 老王连续加班，在工作岗位上突发心脏病去世

微信扫描

【答案】D

【单选题】何某是家中的独子，上有一位80多岁的老母亲，下有一个未满周岁的儿子。不久前，他所工作的煤矿发生坍塌，何某因公死亡。根据《中华人民共和国工伤保险条例》的规定，何某的母亲和儿子每月一共可以领到何某本人工资（　　）的供养亲属抚恤金。

A. 30%　　B. 40%　　C. 50%　　D. 80%

微信扫描

【答案】D

（四）劳动争议政策法规

本部分内容主要参考《劳动争议调解仲裁法》。

项　目	内　容
劳动争议的处理范围	（1）因确认劳动关系发生的争议 （2）因订立、履行、变更、解除和终止劳动合同发生的争议 （3）因除名、辞退和辞职、离职发生的争议 （4）因工作时间、休息休假、社会保险、福利、培训以及劳动保护发生的争议 （5）因劳动报酬、工伤医疗费、经济补偿或者赔偿金等发生的争议 （6）法律、法规规定的其他劳动争议

续上表

项　目	内　容
劳动争议的处理机构	(1)劳动争议调解组织。企业劳动争议调解委员会;依法设立的基层人民调解组织;在乡镇、街道设立的具有劳动争议调解职能的组织 (2)劳动争议仲裁委员会。由劳动行政部门代表、工会代表和企业方面代表组成
劳动争议的处理程序	劳动争议实行协商、调解、仲裁和诉讼等处理程序。发生劳动争议,劳动者可以与用人单位协商,也可以请工会或者第三方共同与用人单位协商,达成和解协议。发生劳动争议,当事人不愿协商、协商不成或者达成和解协议后不履行的,可以向调解组织申请调解;**不愿调解、调解不成或者达成调解协议后不履行的,可以向劳动争议仲裁委员会申请仲裁**;对仲裁裁决不服的,除《劳动争议调解仲裁法》另有规定的外,可以向人民法院提起诉讼 (1)调解程序:申请→调解→达成协议 (2)仲裁程序:申请→受理(劳动争议仲裁委员会收到仲裁申请之日起5日内,认为符合受理条件的,应当受理)→开庭(劳动争议仲裁委员会应当在受理仲裁申请之日起5日内将仲裁庭的组成情况书面通知当事人)→裁决

先协商,协商不成可申请调解,调解不成功的可申请仲裁,仲裁仍不能解决问题的可向法院提起诉讼。

母题精选

【单选题】小李与所在单位因劳务合同发生劳动争议。关于双方解决劳动争议的说法,正确的是(　　)。(真题)

A. 双方不愿协商的,可以向调解组织申请调解

B. 双方调解不成的,小李可以向人民法院提起诉讼

C. 双方对仲裁裁决不服的,可以请工会进行再次仲裁

D. 双方达成和解协议后不履行的,可以向劳动争议仲裁委员会申请仲裁

【答案】 A

四、医疗保障政策法规规定(掌握)

考查年份:2012～2013年、2019年。属于常考点,考生需要重点关注城镇职工基本医疗保险制度的相关内容。

(一)城镇职工基本医疗保险制度

项　目	内　容
覆盖范围	城镇所有用人单位及其职工都要参加基本医疗保险,实行属地管理
缴费办法	基本医疗保险费由用人单位和职工共同缴纳,用人单位缴费率应控制在职工工资总额的6%左右,职工缴费率一般为本人工资收入的2%
基本医疗保险基金的规定	(1)城镇职工基本医疗保险基金由统筹基金和个人账户构成。职工个人缴纳的基本医疗保险费,全部划入个人账户。用人单位缴纳的基本医疗保险费分为两部分,一部分用于建立统筹基金,一部分划入个人账户。划入个人账户的比例一般为用人单位缴费的30%左右 (2)统筹基金和个人账户要划定各自的支付范围,分别核算,不得互相挤占。要确定统筹基金的起付标准和最高支付限额,起付标准原则上控制在当地职工年平均工资的10%左右,最高支付限额原则上控制在当地职工年平均工资的4倍左右 (3)城镇职工基本医疗保险基金的管理 ①基本医疗保险基金纳入财政专户管理,专款专用,不得挤占挪用

续上表

项　目	内　容
基本医疗保险基金的规定	②社会保险经办机构负责基本医疗保险基金的筹集、管理和支付,并要建立健全预决算制度、财务会计制度和内部审计制度 ③各级劳动保障和财政部门要加强对基本医疗保险基金的监督管理

本部分内容主要参考《国务院关于建立城镇职工基本医疗保险制度的决定》。

母题精选

【单选题】小徐是某民办企业的员工,参加了当地的城镇职工基本医疗保险,小徐每月的工作收入是2 000元,其每月缴纳的基本医疗保险费一般为(　　)元。(真题)

A. 20　　B. 30　　C. 40　　D. 50

【答案】C

(二)新型农村合作医疗制度

本部分内容主要参考《关于建立新型农村合作医疗制度的意见》。

项　目	内　容
筹资标准	新型农村合作医疗制度实行个人缴费、集体扶持和政府资助相结合的筹资机制。新农合建立之初的筹资方式是农民个人出10元,地方财政资助10元,中央政府补助10元的标准。此后筹资标准逐年上升
资金使用和管理的规定	(1)农村合作医疗基金由农村合作医疗管理委员会及其经办机构进行管理 (2)农村合作医疗基金中农民个人缴费及乡村集体经济组织的扶持资金,原则上按年由农村合作医疗经办机构在乡(镇)设立的派出机构(人员)或委托有关机构收缴,存入农村合作医疗基金专用账户;地方财政支持资金,由地方各级财政部门根据参加新型农村合作医疗的实际人数,划拨到农村合作医疗基金专用账户;中央财政补助中西部地区新型农村合作医疗的专项资金,由财政部根据各地区参加新型农村合作医疗的实际人数和资金到位等情况核定,向省级财政划拨 (3)农村合作医疗基金主要补助参加新型农村合作医疗农民的大额医疗费用或住院医疗费用 (4)加强对农村合作医疗基金的监管

五、加强社区治理与促进社会组织发展的政策法规规定(熟悉)

考查年份:2019年。本考点为新增知识点,在考试中考查较少,考生可熟悉相关内容。

(一)加强社区治理的政策法规

项　目	内　容
社区治理的含义	社区是指聚居在一定地域范围内的人们所组成的社会生活共同体。社区治理是指政府、社区组织、居民及辖区单位、营利组织、非营利组织等基于市场原则、公共利益和社区认同,协调合作,有效供给社区公共物品,满足社区需求,优化社区秩序的过程与机制
社区治理的指导思想	全面贯彻党的十八大和十八届三中、四中、五中、六中全会精神,坚持以邓小平理论、“三个代表”重要思想、科学发展观为指导,深入贯彻习近平总书记系列重要讲话精神和治国理政新理念新思想新战略,紧紧围绕统筹推进“五位一体”总体布局和协调推进“四个全面”战略布局,坚持以基层党组织建设为关键、政府治理为主导、居民需求为导向、改革创新为动力,健全体系、

续上表

项　目	内　容
社区治理的指导思想	整合资源、增强能力,完善城乡社区治理体制,努力把城乡社区建设成为和谐有序、绿色文明、创新包容、共建共享的幸福家园,为实现"两个一百年"奋斗目标和中华民族伟大复兴的中国梦提供可靠保证
社区治理的基本原则	①坚持党的领导,固本强基;②坚持以人为本,服务居民;③坚持改革创新,依法治理;④坚持城乡统筹,协调发展;⑤坚持因地制宜,突出特色
社区治理的总体目标	到2020年,基本形成基层党组织领导、基层政府主导的多方参与、共同治理的城乡社区治理体系,城乡社区治理体制更加完善,城乡社区治理能力显著提升,城乡社区公共服务、公共管理、公共安全得到有效保障。再过5到10年,城乡社区治理体制更加成熟定型,城乡社区治理能力更为精准全面,为夯实党的执政根基、巩固基层政权提供有力支撑,为推进国家治理体系和治理能力现代化奠定坚实基础
健全完善城乡社区治理体系	①充分发挥基层党组织领导核心作用;②有效发挥基层政府主导作用;③注重发挥基层群众性自治组织基础作用;④统筹发挥社会力量协同作用
不断提升城乡社区治理水平	①增强社区居民参与能力;②提高社区服务供给能力;③强化社区文化引领能力;④增强社区依法办事能力;⑤提升社区矛盾预防化解能力;⑥增强社区信息化应用能力

(二)人民调解的政策法规

项　目	内　容
概念	人民调解是指人民调解委员会通过说服、疏导等方法,促使当事人在平等协商基础上自愿达成调解协议,解决民间纠纷的活动
调解原则	三大原则:依法调解原则;自愿平等原则;尊重当事人权利的原则
调解程序	(1)受理纠纷。包括申请调解和主动调解两种受理方式 ①申请调解。即当事人一方或双方主动要求人民调解委员会帮忙解决他们之间的纠纷。申请方式包括以口头或书面形式申请。调解委员根据具体情况作出受理或不受理的决定 ②主动调解。即人民调解员在得知纠纷信息后,主动参与纠纷当事人中间进行调解。其信息来源包括群众报告、有关单位转告、亲自获知等。主动调解是纠纷受理的基本来源和重要形式。当事人一方明确拒绝调解的,不得调解。无论纠纷当事人是否接受调解,均需登记在册 (2)调查研究。在人民调解委员会受理纠纷之后,需要开展调查研究,包括:先询问了解当事人的意见和要求,记录相关证言和证据;及时查看现场,做必要的勘验笔录;向其他知情人了解情况 (3)进行调解。人民调解委员会根据纠纷调解需要,召开调解会。调解的时候要坚持主持公道,采用多种方式调解民间纠纷,积极促进纠纷解决,防止矛盾激化

续上表

项　目	内　容
调解程序	(4)结束调解。调解结果包含两种情况:①双方自愿达成调解协议;②不能达成调解协议的,需终止调解,并告知纠纷解决的其他途径;③记录、归档相关材料;④对可能激化的纠纷采取针对性预防措施、对可能出现治安或刑事案件的纠纷及时报告公安机关或相关部门

(三)促进社会组织发展的政策法规

项　目	内　容
社会组织的概念	社会组织是指以社会团体、基金会和社会服务机构为主体组成的团体组织,是我国社会主义现代化建设的重要力量
促进社会组织发展的指导思想	以邓小平理论、"三个代表"重要思想、科学发展观为指导,深入贯彻习近平总书记系列重要讲话精神,按照"四个全面"战略布局要求,贯彻落实创新、协调、绿色、开放、共享发展理念,一手抓积极引导发展,一手抓严格依法管理,充分发挥社会组织服务国家、服务社会、服务群众、服务行业的作用,努力走出一条具有中国特色的社会组织发展之路
促进社会组织发展的基本原则	(1)坚持党的领导 (2)坚持改革创新 (3)坚持放管并重。处理好"放"和"管"的关系,既要简政放权,优化服务,积极培育扶持,又要加强事中事后监管,促进社会组织健康有序发展 (4)坚持积极稳妥推进。统筹兼顾,分类指导,抓好试点,确保改革工作平稳过渡、有序推进
促进社会组织发展的总体目标	到2020年,统一登记、各司其职、协调配合、分级负责、依法监管的中国特色社会组织管理体制建立健全,社会组织法规政策更加完善,综合监管更加有效,党组织作用发挥更加明显,发展环境更加优化;政社分开、权责明确、依法自治的社会组织制度基本建立,结构合理、功能完善、竞争有序、诚信自律、充满活力的社会组织发展格局基本形成
大力培育发展社区社会组织	(1)降低准入门槛 (2)积极扶持发展 (3)增强服务功能
完善扶持社会组织发展政策措施	(1)支持社会组织提供公共服务 (2)完善财政税收支持政策 (3)完善人才政策 (4)发挥社会组织积极作用

章节练习

手机微信扫描【章节练习】旁边的二维码或电脑浏览器打开 https://shegong.ek100.cn/即可进入智能题库进行章节练习。

附录一　综合检测

在系统地学习了本科目知识之后，我们需要通过综合检测来检查前面所有知识点的学习和掌握情况，在本书的配套题库系统中包含大量考试真题、押题和模拟题，可供考生练习测试。在题库系统中，试卷的考试题型、考试时长、考点分布均与真实考试一致。考生扫描下方试卷旁的二维码，即可进入题库中进行练习，也可以直接进入智能考试题库系统中进行练习。

一、真题必练

2012～2019 年《社会工作综合能力》（初级）真题试卷

《社会工作综合能力》（初级）历年真题汇编（一）～（二）

二、模拟押题

《社会工作综合能力》（初级）押题试卷（一）～（二）

《社会工作综合能力》（初级）模拟试卷（一）～（二）

附录二　智能考试题库系统使用指导

一、题库系统主要功能介绍

(1)考点速记。名师总结重要考点,40%的篇幅涵盖了考试80%的考点。

(2)章节练习。海量章节试题库,可按章、节考点抽题,与教材同步。

(3)真题试卷。海量新考真题,与真考题库同步更新,通关利器。

(4)押题试卷。命题专家根据真题命题规律出题,考前必练。

(5)模拟试卷。完全模拟真题的考点分布、出题角度以及难易程度。

(6)错题训练。做题过程中的错题自动记录进错题库,进行错题训练可以查漏补缺。

二、智能题库安装激活指导

本书配套题库学习系统设计了智能题库,包括智能题库微信版、智能题库网页版,适合不同的终端使用,满足了考生多样化的学习环境需求。

(一)智能题库微信版

第一步:考生可以通过手机微信关注我们的公众号——未来社工,点击下方【开始学习】,选择【考试题库】。进入之后,根据提示,允许登录题库系统后,进入选课界面,选择【社会工作者考试(初级)】下的两个科目进入课程主页。

第二步:激活科目。进入科目主页后,点击左上角【激活】,输入本书封底的激活码,进行激活。

注意:输入激活码的时候,注意区分大小写,要在英文状态下输入,并且不能有空格。

(二)智能题库网页版

考生可在电脑浏览器输入网址 https://shegong.ek100.cn/,进入网页后,点击【开始学习】,用微信扫描授权登录。登录之后,考生即可选择课程题库。

注意:智能题库微信版和智能题库网页版二者共用账户,数据同步,激活其一,另一个自动激活。本指导以先激活微信版为例,若考生想先激活网页版亦可参照微信版激活方法。

关注未来社工
微信公众号:wljysg

微信扫码获取智能题库激活码

扫描左侧二维码,进入智能题库,使用激活码可激活智能题库微信版和网页版,激活一版另一版自动激活。